# PROCÈS

## DE

## L'ÉCHO DU NORD.

### TRIBUNAL CORRECTIONNEL DE LILLE.

*Audience du 18 Juin 1828.*

M. D**UTILLEUL**, procureur du roi, prend la parole et s'exprime ainsi :

« Aucun article de *l'Écho du Nord* dénoncé jusqu'à ce jour au tribunal, n'a paru plus répréhensible que celui qui vous est déféré. Il ne s'agit pas ici de venger quelques classes d'individus outragés par *l'Écho*, mais de la famille de nos rois. Sous prétexte de parler de l'éducation des princes, le journaliste, dans un article fort élégamment écrit, attaque sans honte et sans pudeur la dynastie des Bourbons qui fait l'honneur de la France ; et dans quel moment ? Lorsque le roi vient de visiter ces mêmes contrées où il ne s'est occupé que de l'industrie ; lorsqu'il vient de dissoudre la chambre pour connaître l'opinion publique; au moment même où l'opinion mo-- narchique constitutionnelle a triomphé dans toutes les parties de la France.

»Honte et horreur à l'opinion soi-disant constitution- nelle, si elle s'attaque à nos rois!

»Lors de l'apparition de cet article, il y avait pour ainsi dire clameur publique; mais ce qui nous a déterminé à ne pas exercer à l'instant des poursuites, c'est qu'il pa- raissait dans un journal de province. Lorsqu'ensuite il fut commenté par les journaux de la capitale, lorsqu'il en fut parlé à la tribune, il devint indispensable d'en poursuivre la répression. » (Ici le ministère public donne lecture de l'article, ainsi conçu):

# DE L'ÉDUCATION DES PRINCES. (1)

« Plutarque dit très-bien, en parlant des rois, que les »premiers en pouvoir devraient être les premiers en » savoir et en toutes choses. La plupart des rois de l'Europe »sont bien loin de ce grand précepte politique; mais »le temps arrive où il faut qu'ils le méditent et qu'ils »s'en rapprochent. Si le présent est encore indulgent, »l'avenir sera exigeant et cela ne sera que juste, car

---

(1) « Dans un moment où l'attention de la France est »si vivement excitée par la nomination d'un gouverneur »au jeune héritier du trône, nous avons pensé que nos »lecteurs ne verraient pas sans intérêt ce que vient de »publier sur l'éducation des princes un publiciste de »beaucoup de talent, l'auteur de *la Revue politique de* »*l'Europe en* 1825. L'article que nous publions est extrait »d'un nouvel ouvrage ayant pour titre : *Des Destinées* »*futures de l'Europe.* »

*(Note du Rédacteur.)*

» ceux qui conduisent ont plus besoin de sagesse que
» ceux qui sont conduits. C'est un droit des peuples de
» vouloir des garanties dans la vertu et le savoir de ceux
» qui les gouvernent. Dans les temps du pouvoir absolu
» des rois et du silence des peuples, la volonté se met à la
» place de tout ; mais aujourd'hui que chaque chose re-
» prend son nom, sa valeur et sa place, les rois doivent
» concevoir la royauté autrement qu'elle n'a été exercée.
» La raison publique la ramène à ses vrais élémens, hors
» desquels elle entre dans les pouvoirs illégitimes.

» Vainement les rois veulent donner la direction, ils la
» reçoivent. Il ne leur est plus possible de s'opposer au
» mouvement que la société s'imprime à elle-même ; il
» entraîne tout ce qui la compose. Le monde se meut par
» une force qui lui est propre ; nul ne l'a créée, nul ne
» peut l'arrêter. *Le monde va de lui-même,* disait le pape
» Urbain VIII : il y a mieux à dire ; il va malgré les rois et
» malgré les papes. Sa marche a été bien lente ; l'esprit
» humain faisait plus de progrès dans un siècle du gouver-
» nement d'Athènes, qu'il n'en a fait en douze siècles du
» gouvernement royal et sacerdotal ; mais ceux-là mêmes
» qui l'ont arrêté, sont enveloppés aujourd'hui dans sa
» sphère d'activité ; si, au lieu de céder, ils résistent, ils
» seront brisés par le mouvement.

» Depuis que la parole et la pensée peuvent franchir en
» un jour les espaces qui sont entre les peuples, il n'y a
» plus de distance entre les hommes. L'Europe est un
» monde sans barrières ; les préjugés, les haines populaires,
» les religions, les langues même, tout ce qui séparait les
» nations et faisait tant d'espèces d'hommes dans la même
» humanité, s'affaiblit ou s'efface : les sociétés politiques
» n'auront bientôt d'autres divisions que celles de leurs
» territoires, et d'autres différences que leurs institutions.
» C'est aujourd'hui que le grand homme de Macédoine

4

» appellerait justement le monde une cité commune (1).
» Les peuples ont mis leur génie et leurs vertus en com-
» mun, et de cette masse de lumières et de sentimens il
» est sorti une force morale toute-puissante qui va s'assu-
» jétir et régler toutes les affaires du monde. Il n'est ni
» science, ni force despotique qui ne doive être dominée
» par cette puissance nouvelle plus grande, plus réelle et
» mieux fondée que la force d'opinion, et qui ne sera point
» passagère et variable comme elle.

» L'instruction des peuples étant plus noble et plus
» étendue, il est nécessaire que l'éducation politique des
» rois soit plus haute et plus profonde. Il y va désormais
» de leur dignité, et la dignité vient de plus haut que la
» royauté. Vis-à-vis des peuples qui s'ennoblissent, il con-
» vient d'agrandir leur esprit et leur cœur. Il ne suffit
» plus d'être porté sur une élévation, il faut être élevé par
» soi-même (2) : la société aujourd'hui est si riche en ci-
» toyens illustres, qu'elle dédaignerait des rois qui ne le
» seraient pas.

» La politique des cours n'a été que trop funeste à l'édu-
» cation des rois ; il importe à ceux qui les environnent
» de les tenir dans l'ignorance et l'incapacité. On les jette
» dans les plaisirs, pour les ravir aux affaires ; on remplit
» leur esprit des puérilités des cours, pour les détourner
» des nobles occupations de l'état : la plupart, satisfaits du
» vain titre de roi, laissent tomber leur sceptre dans la
» main de leurs ministres (3) ; assis sur le trône, comme

---

(1) *Magnus Macedo orbem terrarum civitatem communem appellabat.*                    Plut.....

(2) *Majus aliquid et excelsius, in principe requiritur.*
                                        Suet...

(3) *Per absurdum reges ab aliis regi, duces ab aliis duci.*
                                        Alphonse.

»les idoles sur les autels, ils ne sont que le simulacre de
»la royauté, comme les idoles le sont de la Divinité : les
»grands rois de l'antiquité léguaient le sceptre au plus
»habile et au plus digne (1), et il n'est pas rare parmi
»nous de le voir légué au moins capable et au moins digne.
»Combien de citoyens aujourd'hui pourraient adresser à
»leur roi cette sévère parole des gens de Sparte à un des
»leurs : *A part votre royauté, vous ne nous surpassez en rien!* (2)

»En jetant les yeux sur les empires qui ont brillé et
»disparu, on voit que si quelques-uns se sont perdus par
»la témérité, la plupart ont péri par l'incapacité. Il n'est
»point de pire danger que l'inhabileté des princes, et le
»plus sûr symptôme de la chute des empires est une
»suite de princes médiocres. L'empire de Bysance a péri
»par cette cause. Les temps anciens n'abondaient pas,
»comme les temps modernes, en rois vulgaires. L'enfance
»des rois était nourrie d'autres substances. L'hérédité a
»perdu l'éducation royale, comme les nobles vertus se
»sont éteintes dans l'hérédité de la noblesse.

»Philippe de Macédoine fut un grand roi qui fit élever
»son fils par un grand homme. Il avait compris toute la
»force de l'éducation ; sans elle, il n'y a ni roi, ni citoyen.

»*J'aime mieux perdre tout ce que j'ai, qu'une partie de ce*
»*que je sais,* disait celui qui fut l'honneur de l'Aragon et
»de la royauté, et qui *avait appris dans les livres où s'arrête*
»*le droit des armes.*

»Tous les princes de la maison de France, sans qu'il y
»ait exception, n'ont eu qu'une éducation médiocre et
»frivole. Pour ne parler que des derniers rois, Louis XIV,
»Louis XV et Louis XVI se sont plaint hautement de
»la négligence de la leur. Louis XVIII n'avait d'autre

---

(1) *Ei, qui esset optimus.*  Q. C.
(2) *Excepto regno, nullâ re nobis præstas.*  PLUT.....

» science politique que de savoir céder aux nécessités des
» temps ; mais c'est aussi une science de roi. Charles IV,
» roi d'Espagne, cité ici comme prince du sang de France,
» disait qu'*on ne lui avait rien appris de ce qu'il devait savoir.*
» Le fils pourrait le dire comme le père. Les rejetons de
» France transplantés ont été les mêmes que sur leur sol.
» *A dater de la monarchie,* dit un de ses historiens (1), *il*
» *n'y a presque que le seul Charlemagne à excepter de la crasse*
» *ignorance où ont vécu tous nos rois.* Louis XI avait ren-
» fermé toute la science politique de son fils Charles VIII
» dans la seule pensée de son règne : *dissimuler pour*
» *régner ;* il ne lui enseigna rien de plus. Ce fut la devise
» d'autres rois qui n'en surent pas davantage ; et sous
» plus d'un règne, les destinées d'un grand peuple ont
» été contenues dans une maxime odieuse qui était tout
» le savoir de ses rois.

» Les derniers princes français n'ont eu que l'éduca-
» tion du malheur. Il semble qu'on devrait en féliciter la
» France, car les princes, dans le malheur, tournent leur
» pensée vers le bonheur des hommes. L'éducation du
» malheur est la plus favorable aux peuples ; Henri IV en
» fut formé. Sa belle âme, trempée dans l'adversité, en
» sortit magnanime ; il y puisa le sentiment de la félicité
» publique. Il faut plaindre les peuples dont les rois n'ont
» connu que la prospérité ; la pitié n'entre point dans les
» cœurs d'où le bonheur n'est jamais sorti. Sous les rois
» fortunés, les peuples sont toujours misérables ; sous les
» heureux Césars, sous Charles-Quint, sous Louis XIV,
» sous Napoléon, les peuples payèrent de leur bonheur la
» grandeur de leur puissance, et les empires n'offraient
» que l'inévitable contraste de la misère et de la gloire.

» Mais le malheur est une expérience qui n'est point

_______________

(1) M. de Boulainvilliers.

» ordinaire à la jeunesse des princes. Elle ne peut entrer
» dans les espérances des peuples qui trouveraient plus
» de garantie et d'avantages dans leur éducation profonde.

» Si les rois étaient plus instruits, tous ceux qui les ap-
» prochent voudraient l'être comme eux, et ils seraient
» au milieu d'un foyer de lumières. Un prince ignorant
» ou instruit, a une cour sur son modèle. Les sujets se
» forment sur les rois. Si beaucoup de rois de l'antiquité
» ont été célèbres par leur savoir, c'est qu'ils allaient
» chercher les savans et les sages jusque dans la contrée
» qui les avait produits. *Celui qui enseigne les rois, en-*
» *seigne aussi les peuples !* C'est un mot d'un roi de Perse,
» quand la Perse prenait quelques leçons d'Athènes.

» Les prêtres de tout temps se sont emparés de la
» première éducation des princes français qui, en sortant
» de leurs mains, entrent dans celles des courtisans.
» Tout prince élevé par un prêtre catholique appartient
» plus à l'Église qu'à l'État ; tout prince élevé par un
» courtisan est plutôt le roi d'une cour que le roi d'un
» peuple. Ces deux éducations ne font que des hommes
» vulgaires. Quand tout est médiocre autour du trône,
» tout est médiocre sur le trône. Le plus grand roi de la
» France ne fut élevé ni par les prêtres catholiques, ni
» par les courtisans. Il y a bien des choses au fond de
» cette réflexion.

» Un prince français contemporain a donné à ses fils
» une éducation généreuse et nationale ; c'est un grand
» trait de prince : action profonde qui, dans le péril d'une
» famille royale, empêcherait peut-être d'y envelopper
» tous ses membres. C'est être entré dans la pensée du
» siècle, c'est avoir mis la civilisation où elle doit être,
» pour la faire descendre partout où elle n'est pas. Tout
» ce qui tend à rapprocher les rois des peuples ou à les
» en éloigner est d'une immense considération, et, dans

»l'étude des destinées de l'Europe, nous verrons com-
»bien l'éducation royale y apportera d'influence favo-
»rable ou funeste.

»Les princes d'Angleterre ont été, en général, plus au
»niveau du génie de leur nation, et l'ont plusieurs fois
»surpassé; ils ont cette dissemblance avec les rois de
»France, que ceux-ci ont été, presque tous, au-dessous
»du génie de la leur, et cette différence qui se trouve
»entre ces rois, a fait la distance qui se trouve entre les
»deux peuples.

»Le trône des Stuart, qui réunissait toutes les légi-
»timités de l'Écosse et de l'Angleterre, était le plus affermi
»de tous les trônes de l'Europe, lorsqu'il s'est écroulé
»sous les pieds d'un prince incapable qui, voulant lutter
»contre l'esprit de son siècle, prétendit régner avec le
»sceptre de Rome, méconnaissant toute la force du sien,
»et avilissant la royauté, en la mettant sous la protection
»des prêtres : soumission honteuse autant que funeste,
»car la royauté doit toujours être protectrice et jamais
»protégée. Un roi qui place le trône sous l'autel, est plus
»digne de la prêtrise que de la royauté.

»Si la Prusse s'est tout-à-coup élevée au degré de hau-
»teur où nous la voyons, c'est qu'elle a reçu son éléva-
»tion d'un roi supérieur à son peuple et à son siècle. La
»Prusse n'était qu'une terre ducale il y a cent ans. Dans
»le seul cours de la vie politique d'un homme, elle a
»atteint le rang des premiers empires. Les grands princes
»créent les grands peuples; de même les peuples perdent
»leur grandeur sous des rois qui n'en ont point.

»L'Espagne, du rang suprême où elle était montée, est
»tombée dans le néant; elle périt par la médiocrité héré-
»ditaire de ses princes. Elle a étonné et rempli le monde;
»elle en a été la merveille; elle n'en est plus que la honte
»et la difformité. Ce qu'elle a conservé de généreux n'a

» pu même retarder la chute de cette première nation de
» l'Europe. Ses derniers rois l'ont mise au-dessous des
» Maures et au niveau de l'Afrique. Voilà l'effet de la mau-
» vaise éducation des princes. »

M. le procureur du roi déclare que cet article renferme
trois délits : 1.º offense envers les membres de la famille
royale ; 2.º attaque contre la dignité royale ; 3.º attaque
contre l'ordre de successibilité au trône. Ensuite il dit
qu'il attendra la défense pour faire ressortir ces trois
délits. Alors M. le président donne la parole à M.ᵉ DOYEN,
défenseur de l'éditeur, qui s'exprime en ces termes) :

« Un ouvrage intitulé : *Des Destinées futures de l'Europe*,
a paru. L'auteur, distingué par son profond savoir, sa
vaste érudition, nous montre combien l'éducation des
princes influe sur le bonheur des peuples ; il nous fait
voir la marche des siècles, les progrès des lumières, les
dangers pour les rois d'un gouvernement absolu, leur sé-
curité dans une monarchie constitutionnelle : il les éclaire
en leur rappelant le passé, en leur ouvrant l'avenir.

« Il n'y a point ici, dit l'auteur, dessein d'ébranler la
» royauté, mais de l'avertir de ses erreurs et de ses écarts,
» de l'éclairer sur les hostilités qu'elle provoque, de la
» préserver des écueils dont ses flatteurs l'environnent.
» Si le conseil est ce qu'il y a de plus divin dans l'homme,
» les rois doivent l'accueillir et l'accepter comme un
» défenseur prévoyant.

» Ce n'est pas un vain mot que la civilisation : c'est la
» perfection de l'état moral du monde, et on peut voir
» déjà combien elle a opéré de merveilles ; nous les avons
» étudiées pour les révéler aux rois, puisque leurs con-
» seillers ne les reconnaissent pas ; et c'est dans cette
» étude que nous avons vu qu'ils sont rois d'une société
» nouvelle, lorsqu'ils croient encore l'être de l'ancienne.
» Si, comme le disait le sage Alphonse, les livres sont les

» meilleurs conseillers des rois, puisse le livre des *Des-*
» *tinées de l'Europe* entrer dans leur conseil et y porter
» quelque lumière ! Son but est de sauver les peuples des
» égaremens des rois, et de sauver les rois des empor-
» temens des peuples. »

» C'est dans cet ouvrage, dont vous connaissez maintenant toute la pensée, que l'éditeur de *l'Écho du Nord*
a puisé l'article qui vous est dénoncé.

« Dans un moment, dit-il, où l'attention de la France
» est si vivement excitée par la nomination d'un gouver-
» neur au jeune héritier du trône, nous avons pensé que
» nos lecteurs ne verraient pas sans intérêt ce que vient
» de publier sur l'éducation des princes un publiciste de
» beaucoup de talent. »

» L'article, inséré le 4 Mai dans *l'Écho du Nord*, dénoncé le 16 par *la Gazette de France*, est devenu le 22
l'objet des poursuites de l'autorité.

» Au moment où le réquisitoire de M. le procureur du
roi a été porté, nous nous sommes demandé si l'éducation
des princes n'était pour nous d'aucun intérêt ; s'il ne
nous était plus permis de leur retracer les actions de
leurs aïeux, s'il fallait déchirer les pages de l'histoire,
comme si les titres des rois à l'amour ou au mépris des
peuples pouvaient être perdus pour la postérité.

« L'histoire, a dit M. de Ségur, est un maître impartial
» qui nous montre le passé pour nous annoncer l'avenir :
» c'est le miroir de la vérité, l'expérience du monde et
» la raison des siècles. »

» Remontez, Messieurs, à l'origine des gouvernemens,
vous verrez d'abord les états régis par la force, des chefs
militaires s'emparer du pouvoir, un maître et des esclaves. Plus tard, l'instruction fera naître les lois ; les
lois arrêteront le pouvoir illimité des premiers chefs,
elles établiront le droit et la justice, qui forment une

alliance indissoluble entre le prince et l'état. Vous ne trouverez plus un maître et des esclaves, mais un souverain, des citoyens mis en possession d'une portion des libertés que le pouvoir légal leur aura conférées. Tous viendront concourir aux progrès de la civilisation. On verra naître le gouvernement représentatif, la plus belle et la plus noble conception de l'esprit humain ; les lumières s'étendront par le moyen de la presse ; la presse deviendra libre comme les citoyens eux-mêmes, parce qu'elle n'est que l'expression de leur pensée.

» Tels sont les progrès de la civilisation.

» Nous sommes encore à la naissance du gouvernement représentatif ; mais le temps n'est pas éloigné où notre éducation politique sera assez avancée pour que l'autorité ne trouve plus dans des articles de journaux, des fantômes qu'elle s'empresse de combattre. La voix de la tribune proclame chaque jour les plus utiles vérités ; la France s'accoutume à les entendre. Éclairés par les lumières du siècle, nous marchons à grands pas dans la carrière de la civilisation. Demain peut-être on approuvera ce que l'on croit devoir blâmer aujourd'hui.

» Jetons un coup-d'œil sur l'état actuel de la société : que remarquons-nous ? Trois grandes classes d'individus.

» La première, au niveau des connaissances du siècle, voit la stabilité du trône dans le maintien de nos institutions ; elle marche en avant avec les lumières.

» La seconde, consumant ses efforts à nous faire rentrer dans le passé, avec ses priviléges et ses erreurs,

    Au char de la raison, s'attelant par-derrière,
    Le fait à reculons enfoncer dans l'ornière.

» La troisième, s'effrayant également de la marche de la première et des prétentions surannées de la seconde, n'attend, pour se réunir à celle-là, qu'une plus grande maturité dans nos institutions, terme où aboutiront enfin toutes les nuances d'opinions.

» Dans cette agitation des esprits, on sent combien il est utile d'avoir des écrivains courageux qui viennent confondre toutes les opinions dans la même affection : l'amour du roi et de la charte.

» Reportons-nous à l'article incriminé ; les idées dominantes sont celles-ci :

« La forme du gouvernement ayant été changée, l'édu-» cation des princes ne doit plus être la même.

» Les rois doivent concevoir la royauté autrement » qu'elle a été exercée dans le pouvoir absolu.

» L'instruction des peuples étant plus noble et plus » étendue, il est nécessaire que l'éducation politique des » rois soit plus haute et plus profonde. »

» Or, sous un gouvernement constitutionnel, avec la liberté de la presse, on ne peut nous contester le droit de nous occuper de l'éducation des princes.

» Telle était la pensée de l'illustre auteur de la charte, lorsqu'au moment de la naissance du jeune héritier du trône, il s'écria, en le montrant à la France : *Un enfant nous est né à tous !* Oui, prince, vous nous appartenez, vous appartenez à la France ; c'est de votre éducation qu'elle attend l'affermissement de ses institutions et de son bonheur. Nous ne cesserons donc de nous occuper de l'éducation des princes que lorsqu'on nous aura démontré l'infaillibilité des rois.

» Voyons, Messieurs, si l'éditeur de l'*Écho du Nord* a offensé la famille royale ; s'il a attaqué la dignité royale, l'ordre de successibilité au trône.

» C'est en rapprochant des phrases éloignées l'une de l'autre, en renversant l'ordre des idées, en mettant à la fin ce qui est au commencement, au commencement ce qui est à la fin, que M. le procureur du roi est parvenu à former trois corps de délit.

» En examinant le réquisitoire et l'article incriminé, on se rappelle involontairement ce mot d'un ancien ministre : *Donnez-moi dix lignes de l'écriture du plus honnête homme de France, et je me charge d'y trouver de quoi le faire pendre.*

» Pour nous, qui sentons toute l'importance de la liaison dans les pensées, nous n'avons pas besoin de cette magie de l'accusation ; nous aurons le soin scrupuleux de ne rien déplacer, et vous serez convaincus qu'on ne peut jeter aucun blâme sur l'article inculpé.

» L'éditeur a-t-il offensé les membres de la famille royale, en énonçant que tous les princes de la maison de France, sans qu'il y ait d'exception, n'ont eu qu'une éducation médiocre et frivole ?

» Cette réflexion appartient à l'histoire, elle n'est pas relative aux princes actuels ; j'en repousse toute application à Charles X.

» L'auteur a pris soin de l'indiquer ; il fait l'énumération des rois dont il parle et s'arrête à Louis XVIII.

« Tous les princes de la maison de France, dit-il, sans » qu'il y ait exception, n'ont eu qu'une éducation mé- » diocre et frivole. Pour ne parler que des derniers rois, » Louis XIV, Louis XV et Louis XVI se sont plaint hau- » tement de la négligence de la leur. Louis XVIII n'avait » d'autre science politique que de savoir céder aux né- » cessités des temps ; mais c'est aussi une science de roi. »

» Il ne s'occupe des princes actuels que pour en faire l'éloge, et voici comment :

« Les derniers princes français n'ont eu que l'éduca- » tion du malheur ; il semble qu'on devrait en féliciter la » France, car les princes, dans le malheur, tournent leur » pensée vers le bonheur des hommes. L'éducation du » malheur est la plus favorable aux peuples ; Henri IV en » fut formé. Sa belle âme, trempée dans l'adversité, en » sortit magnanime ; il y puisa le sentiment de la félicité

»publique. Il faut plaindre les peuples dont les rois n'ont
» connu que la prospérité ; la pitié n'entre point dans les
» cœurs d'où le bonheur n'est jamais sorti. Sous les rois
» fortunés, les peuples sont toujours misérables ; sous les
» heureux Césars, sous Charles-Quint, sous Louis XIV,
» sous Napoléon, les peuples payèrent de leur bonheur la
» grandeur de leur puissance, et les empires n'offraient
» que l'inévitable contraste de la misère et de la gloire. »

» Ainsi, l'auteur établit la ligne de séparation entre les
rois dans la tombe, et ceux qui sont encore debout sur le
trône ; les premiers appartiennent à l'histoire, et sont
dans le domaine de la postérité. Il pouvait dire, et l'histoire l'avait dit avant lui : Les rois de France qui n'existent
plus, n'ont eu qu'une éducation médiocre et frivole.

» Charles IV, roi d'Espagne, et prince du sang de
France, disait qu'on ne lui avait rien appris de ce qu'il
devait savoir.

» Louis XIII se plaignait en ces termes, dans une de ses
lettres au maréchal d'Ancre : « Il m'empêche (le cardinal
» de Richelieu) de me promener dans Paris ; il ne m'ac-
» corde que le plaisir de la chasse et la promenade des
» Tuileries : il est défendu aux officiers de ma maison,
» ainsi qu'à tous mes sujets, de m'entretenir d'affaires
» sérieuses et de m'en parler en particulier. »

» Louis XIV était d'une ignorance excessive ; on ne lui
apprit rien : son gouverneur s'étudia, d'après les ordres
de Mazarin, à le détourner de toute espèce d'études, et à
ne lui inspirer que de fausses idées de grandeur. A l'âge
de huit ans, Louis XIV ne connaissait que les contes de
*Peau d'âne*, et à peine ce monarque savait-il lire à l'âge
de quinze ans. (L'abbé Montgaillard.)

» Louis XV et Louis XVI se sont plaint hautement de
la négligence de leur éducation.

» Si Philippe-le-Bel eût été un prince éclairé, eût-il
fait brûler les Templiers ?

» Louis XI eût-il prit pour règle de sa conduite cette détestable maxime : *dissimuler pour régner ?*

» Charles IX eût-il ordonné les massacres de la St. Barthélemi ? eût-il tiré sur ses sujets, et contemplé avec une joie féroce le cadavre de Coligny, outragé par la populace ?

» Voilà quels peuvent être les effets de la mauvaise éducation des princes. Mais heureux les peuples dont les princes ont eu l'éducation du malheur ! les princes, dans le malheur, tournent leur pensée vers le bonheur des hommes ; la pitié n'entre pas dans les cœurs dont le bonheur n'est jamais sorti.

» Henri IV, dont le nom est devenu parmi nous l'objet d'un culte national, eut aussi l'éducation du malheur. Un jour on voulut l'exciter à punir l'auteur d'un écrit rempli de traits hardis sur sa cour : *Je me ferais conscience,* répondit le bon roi, *de fâcher un honnête homme pour avoir dit la vérité.* Certes, Messieurs, vous ne nous punirez pas pour avoir comparé l'éducation de nos princes à celle de Henri IV.

» L'éditeur a-t-il encore commis le délit d'offense envers la famille royale, en INSINUANT *que la société est aujourd'hui si riche de citoyens illustres, qu'elle dédaignerait les rois qui ne le seraient pas ?*

» Pour apprécier la pensée de l'auteur, il ne faut pas séparer la fin du passage de son commencement ; le but est d'établir que l'éducation politique des rois ne doit pas être au-dessous de celle des peuples :

« L'instruction des peuples, dit-il, étant plus noble et » plus étendue, il est nécessaire que l'éducation politique » des rois soit plus haute et plus profonde. Il y va désor-» mais de leur dignité, et la dignité vient de plus haut » que la royauté. Vis-à-vis des peuples qui s'ennoblissent, » il convient d'agrandir leur esprit et leur cœur. Il ne » suffit plus d'être porté sur une élévation, il faut être

» élevé par soi-même : la société aujourd'hui est si riche
» en citoyens illustres, qu'elle dédaignerait des rois qui
» ne le seraient pas. »

» Ce paragraphe ne s'applique pas plus aux rois de
France qu'à tous les autres princes de l'Europe ; à moins
que M. le procureur du roi ne trouve convenable de
prendre la défense de tous les rois de l'Europe. D'ailleurs,
dire que la société *dédaignerait* les rois qui *ne seraient* pas
illustres, ce n'est pas dire que les rois vivans manquent
d'illustration. Franchement, Messieurs, je ne conçois
pas comment ce passage a pu être incriminé.

» SECOND DÉLIT : Attaque contre la dignité royale.

» Selon M. le procureur du roi, ce délit résulte de l'ensemble de l'article, spécialement du paragraphe relatif
*à la politique des cours qui n'a été que trop funeste à l'édu-
cation des rois,* jusqu'à ces mots : A PART VOTRE ROYAUTÉ,
VOUS NE NOUS SURPASSEZ EN RIEN.

» Qu'entend-on par attaque contre la dignité royale ?
Pour caractériser ce délit, il faut établir une distinction
entre le roi et la royauté.

» La royauté, ou ce qui est la même chose, la dignité
royale, est un être moral indépendant de la personne du
roi, hors du roi ; offenser le roi, ce n'est pas attaquer la
dignité royale : ces deux délits sont différens et prévus
par des lois différentes ; l'éditeur est seulement poursuivi
pour attaque contre la dignité royale.

» Or, les phrases incriminées sont relatives à l'éducation des princes en général ; elles ne renferment aucune attaque contre la dignité royale.

» Lisons le paragraphe :

« La politique des cours n'a été que trop funeste à
» l'éducation des rois ; il importe à ceux qui les envi-
» ronnent de les tenir dans l'ignorance et l'incapacité. On
» les jette dans les plaisirs pour les ravir aux affaires, on

» remplit leur esprit des puérilités des cours pour les dé-
» tourner des nobles occupations de l'état ; la plupart, sa-
» tisfaits du vain titre de roi, laissent tomber leur sceptre
» dans la main de leurs ministres ; assis sur le trône,
» comme les idoles sur les autels, ils ne sont que le si-
» mulacre de la royauté, comme les idoles le sont de la
» Divinité : les grands rois de l'antiquité léguaient le
» sceptre au plus habile et au plus digne, et il n'est pas
» rare parmi nous de le voir légué au moins capable et
» au moins digne. Combien de citoyens aujourd'hui pour-
» raient adresser à leur roi cette sévère parole des gens
» de Sparte à un des leurs : *A part votre royauté, vous ne*
» *nous surpassez en rien !* »

» Remarquez ces mots : *A part votre royauté* ; l'auteur a
donc séparé la royauté de la personne du roi : donc il n'a
pas attaqué la dignité royale.

» Comment incriminer ce passage ? Il renferme des
conseils que dans tous les temps les hommes les plus
sages et les plus illustres par leur savoir et leurs vertus,
ont donnés aux princes ; ils sont puisés dans Alphonse,
Quinte-Curce, Suétone, Fénélon, Massillon, Condillac,
de Peréfixe.

» Ouvrons le *Télémaque*, ouvrage fait par le vertueux
archevêque de Cambrai pour l'éducation du duc de
Bourgogne ; voici comment il s'exprime :

« Ce n'est pas pour lui-même que les dieux l'ont fait
» roi, il ne l'est que pour être l'homme des peuples : c'est
» aux peuples qu'il doit tout son temps, tous ses soins, toute
» son affection, et il n'est digne de la royauté qu'autant
» qu'il s'oublie lui-même pour se sacrifier au bien public.

» Comment parvenir à avoir de tels rois si leur éduca-
» tion est entre des mains avides, si ceux qui l'entourent
» le poussent de toutes parts vers les abus ?

» Le plus malheureux de tous les hommes, est un roi

» qui croit être heureux en rendant les autres hommes
» misérables; il est doublement malheureux par son
» aveuglement. La vérité ne peut percer la foule des flat-
» teurs pour aller jusqu'à lui. »

« Un prince n'est pas né pour lui seul (1), il se doit à ses
» sujets; les peuples, en l'élevant, lui ont confié la puis-
» sance et l'autorité, et se sont réservé, en échange, ses
» soins, son temps, sa vigilance. Ce n'est pas une idole
» qu'ils ont voulu se faire pour l'adorer, c'est un sur-
» veillant qu'ils ont mis à leur tête pour les protéger et
» pour les défendre. Ce n'est point de ces divinités inutiles
» qui ont des yeux et ne voient point, une langue et ne
» parlent point, des mains et n'agissent point; ce sont de
» ces dieux qui les précèdent pour les conduire et les dé-
» fendre. Ce sont les peuples qui, par l'ordre de Dieu,
» les ont faits tout ce qu'ils sont; c'est à eux à n'être ce
» qu'ils sont que pour les peuples. Oui, c'est le choix de
» la nation qui mit d'abord le sceptre entre les mains de
» leurs ancêtres, c'est elle qui les éleva sur le bouclier
» militaire et les proclama souverains. Le royaume de-
» vint ensuite l'héritage de leurs successeurs; mais ils le
» durent originairement au consentement libre des
» sujets. Leur naissance seule les mit ensuite en pos-
» session du trône; mais ce furent les suffrages publics
» qui attachèrent d'abord ce droit et cette prérogative
» à leur naissance. En un mot, comme la première source
» de leur autorité vient de nous, les rois n'en doivent
» faire usage que pour nous; les flatteurs leur rediront
» sans cesse qu'ils sont les maîtres, et qu'ils ne sont
» comptables à personne de leurs actions. Il est vrai que
» personne n'est en droit de leur en demander compte;
» mais ils se le doivent à eux-mêmes. Ils sont les maîtres
» de leurs sujets; mais ils n'en auront que le titre, s'ils

_______________

(1) Massillon.

» n'en ont pas les vertus. Tout leur est permis ; mais cette
» licence est l'écueil de l'autorité, loin d'en être le pri-
» vilége. Ils peuvent négliger les soins de la royauté ;
» mais, comme ces rois fainéans si déshonorés dans nos
» histoires, ils n'ont plus qu'un vain nom de roi, dès
» qu'ils n'en rempliront pas les fonctions augustes. »

« Pour l'ordinaire (1), ceux entre les mains des-
» quels tombent les princes dans leur bas âge, désirant
» se conserver l'autorité et le gouvernement, au lieu de
» les obliger et même de les contraindre à appliquer leur
» esprit à des choses solides et nécessaires, font adroite-
» ment en sorte qu'ils ne l'occupent qu'à des bagatelles
» indignes d'eux, et ils les y amusent avec tant d'artifice,
» qu'il est impossible qu'un jeune prince le puisse recon-
» naître. Au lieu de leur mettre sans cesse devant les yeux
» la vraie grandeur des rois, qui consiste dans l'exercice de
» leur autorité, ils ne les repaissent que des images de cette
» grandeur, comme sont les pompes et les magnificences
» extérieures, où il n'y a que du faste et de la vanité.
» Enfin, au lieu de les instruire soigneusement dans ce
» qu'ils doivent savoir et de ce qu'ils doivent faire (car
» toute la science des rois se doit réduire en pratique),
» ils les entretiennent dans une profonde ignorance de
» toutes leurs affaires, afin d'en être toujours les maîtres,
» et qu'on ne puisse jamais se passer d'eux. De là il ar-
» rive qu'un prince, lorsqu'il est grand, connaissant sa
» faiblesse, se juge incapable de gouverner ; et du moment
» qu'il est imbu de cette opinion, il faut qu'il renonce à
» la conduite de son état, si ce n'est que ses qualités na-
» turelles soient bien extraordinaires et qu'il ait un cœur
» véritablement royal. Avec cela, ces personnes se sai-
» sissent de toutes les avenues et empêchent que les gens

---

(1) Hardouin de Beaumont de Perefixe, archevêque
de Paris et précepteur de Louis XIV.

» de bien n'approchent point de ses oreilles tendres; ou si
» elles ne leur en peuvent point empêcher les approches,
» elles ne manquent point de les leur rendre suspects, et
» de leur ôter toute créance dans l'esprit de ces jeunes
» princes, les faisant passer auprès d'eux, ou pour leurs
» ennemis, ou pour malintentionnés, ou pour ridicules
» et impertinens; puis ils ont certains émissaires qui les
» infatuent avec des flatteries, des louanges excessives et
» des adorations; qui ne leur font jamais sous-entendre
» que ce qui sert à leurs fins; qui cultivent leurs dé-
» fauts par de continuelles complaisances; qui leur font
» croire qu'ils ont une parfaite intelligence de tout, quoi-
» qu'ils ne sachent rien; qui leur font concevoir que la
» royauté n'est qu'une souveraine fainéantise; que le tra-
» vail ne sied pas bien à un roi; et que les fonctions du
» gouvernement étant pénibles, sont par conséquent
» basses et serviles. De cette sorte, on les dégoûte de
» bonne heure du commandement; on les accoutume à
» avoir des maîtres, parce qu'ils n'ont encore ni assez de
» connaissance, ni assez de force pour l'être. Ainsi, ces
» pauvres princes n'étant point contredits, mais toujours
» adorés, n'ayant aucune expérience par eux-mêmes, et
» n'ayant jamais souffert ni peine, ni nécessité, de-
» viennent souvent présomptueux et absolus dans leurs
» fantaisies, et croient que leur puissance doit aller de
» pair avec celle de Dieu. On en voit qui ne considèrent
» que leur passion, leur plaisir et leur caprice, comme si
» le genre humain n'avait été créé que pour eux, au lieu
» qu'ils n'ont été créés que pour conduire et gouverner
» sagement le genre humain. »

   « Puisque les hommes ne sont pas faits pour contribuer
» tous de la même manière aux avantages de la société (1),

---

(1) Condillac.

»il est évident que l'instruction doit varier, comme
»l'état auquel on les destine, il suffit aux dernières
»classes de savoir subsister de leur travail ; mais les con-
»naissances deviennent nécessaires à mesure que les
»conditions s'élèvent.

» L'instruction? que doit-elle être aujourd'hui pour un
»prince si, dans les conditions ordinaires, on trouve tant
»de talens? et cependant qui ne sait que rien n'a été et
»n'est encore plus négligé?

» Cependant un prince destiné à commander, devrait
»s'élever au milieu de son peuple, comme un palais ré-
»gulier et solide s'élève au milieu des campagnes dont
»il est l'ornement.

» Un prince doit apprendre à gouverner son peuple ;
»il faut qu'il s'instruise en observant ce que ceux qui ont
»gouverné ont fait de bien ou de mal, il faut qu'il ché-
»risse leurs talens, qu'il plaigne leurs fautes, qu'il haïsse
»leurs vices.

» Mais comment parvenir à former l'esprit et le cœur
»d'un prince, si vous ne l'entourez que de flatteurs, que
»de complaisans qui exploitent à leur profit tous ses de-
»fauts, et s'efforcent d'étouffer jusqu'au moindre germe
»de grandeur d'âme? Qui ne sait qu'en aucun lieu on
»n'a poussé plus loin les complaisances coupables envers
»les princes, qu'à la cour de France? Qui ne connaît le
»caractère du cardinal Dubois? Et pour parler de temps
»plus près de nous, qui n'a ouï les choses qui se passaient
»au Parc aux Cerfs?»

» Quel crime peut-il donc exister à souhaiter qu'un
pareil état de choses ne reparaisse plus? et pour trouver
un remède à de pareilles misères, quel crime y a-t-il à
montrer les vices de l'éducation des princes? Si c'est
être séditieux que d'exprimer de tels sentimens, nous
voulons bien l'être avec Condillac, Fénélon, de Perefixe

et Massillon. *Et nunc reges, intelligite, et erudimini qui judicatis terram.* (1)

» L'éditeur, dit encore M. le procureur du roi, a attaqué la dignité royale, en *rappelant la nomenclature des rois de France qui se sont plaint de la négligence de leur éducation.*

» Est-ce sérieusement que l'on incrimine cette phrase ? et peut-on nous blâmer d'avoir rappelé ce que ces rois ont dit eux-mêmes ?

» Permettez-moi de vous raconter à ce sujet un trait de notre Henri. Un jour, Pierre Mathieu, son historiographe, qui avait avec lui des entretiens familiers, lui lisait quelques pages où il était question de sa trop grande passion pour les femmes. A quoi sert, dit d'abord le roi, de révéler ces faiblesses ? L'historien lui fit sentir la nécessité où il était de dire la vérité. Le roi réfléchit un peu ; après un moment de silence : *Oui,* répondit-il, *il faut dire la vérité toute entière. Si vous vous taisiez sur mes fautes, on ne croirait pas le reste. Eh bien! écrivez-les donc.*

» Enfin, M. le procureur du roi prétend que l'éditeur a attaqué la dignité royale par la comparaison qu'il a faite de l'éducation des princes d'Angleterre avec celle des rois de France. Voici le passage :

« Les princes d'Angleterre ont été, en général, plus » au niveau du génie de leur nation, et l'ont plusieurs » fois surpassé ; ils ont cette dissemblance avec les rois » de France, que ceux-ci ont été, presque tous, au-des- » sous du génie de la leur, et cette différence qui se » trouve entre ces rois, a fait la distance qui se trouve » entre les peuples. »

» L'auteur compare les princes et les nations *sous le rapport politique;* il se reporte au temps où l'Angleterre et la France étaient gouvernées, la première, par des rois

---

(1) Verset 10, chap. 2 du liv. des Psaumes.

constitutionnels, la seconde, par des rois absolus, et cette différence qui se trouve entre ces rois a fait la distance qui se trouve entre les deux peuples.

» On ne peut méconnaître la vérité de cette assertion. Pourquoi, sous ce point de vue, l'Angleterre est-elle supérieure à la France ? Parce que, chez les Anglais, le gouvernement représentatif a été établi plus d'un siècle avant de l'être en France. Leurs mœurs politiques étant plus anciennes, doivent aussi être plus parfaites ; si l'on en doutait, ce procès serait le meilleur argument que je pusse vous présenter en faveur de cette doctrine. En Angleterre on ne l'aurait pas intenté. Les Anglais n'ont-ils pas l'entière liberté de la presse, la responsabilité des ministres, après laquelle nous soupirons depuis si long-temps ? Mais sous le rapport des sciences et des arts, quelle est la nation supérieure à la nation française ? quel est le Français, l'étranger, qui ne la place la première parmi toutes les nations du monde ? Nous n'avons émis qu'une opinion vraie, historique ; elle ne saurait être incriminée.

» TROISIÈME DÉLIT : Attaque contre l'ordre de successibilité au trône.

» A en croire l'accusation, ce délit résulterait de ce que, parlant d'un prince français contemporain qui a donné à ses fils une éducation généreuse et nationale, l'éditeur *insinue* que c'est là une action profonde qui, dans le péril d'une famille royale, empêcherait peut-être d'y envelopper tous ses membres. Lisons :

« Un prince français contemporain a donné à ses fils
» une éducation généreuse et nationale ; c'est un grand
» trait de prince : action profonde qui, dans le péril d'une
» famille royale, empêcherait peut-être d'y envelopper
» tous ses membres. C'est être entré dans la pensée du
» siècle, c'est avoir mis la civilisation où elle doit être,
» pour la faire descendre partout où elle n'est pas. Tout

» ce qui tend à rapprocher les rois des peuples ou à les
» en éloigner est d'une immense considération, et, dans
» l'étude des destinées de l'Europe, nous verrons com-
» bien l'éducation royale y apportera d'influence favorable
» ou funeste. »

» Eh quoi ! c'est au nom du roi que l'on nous poursuit,
pour avoir fait l'éloge d'un prince de sa famille ? Est-ce à
dire pour cela que la monarchie est en péril, que nous
voulons changer l'ordre de successibilité au trône ? Loin
de là, nous voulons l'affermir en appelant l'héritier de la
couronne aux bienfaits d'une éducation nationale : cette
éducation est dans nos mœurs, dans nos institutions,
dans nos lois. Ah ! si jamais ces temps funestes où tous
les droits sont méconnus, pouvaient renaître parmi
nous ; si la monarchie française, aujourd'hui la mieux
affermie parce qu'elle repose sur les lois, la légitimité,
l'amour et la confiance, pouvait, ce qu'à Dieu ne
plaise, se trouver en péril, quelle culpabilité y a-t-il à
dire que dans cet état de trouble et d'anarchie une éducation nationale donnée à un prince de la famille empêcherait peut-être d'y envelopper tous ses membres ?
Depuis quand donc le conseil est-il un délit ? Ne vous
semble-t-il pas voir un fils traduit devant la justice pour
s'être écrié au moment où son père portait à ses lèvres
un breuvage mortel : *Prenez garde, ce breuvage est empoisonné ?* (Mouvement dans l'auditoire.)

» L'accusation veut encore trouver ce délit dans la
phrase suivante : *Il n'est point de pire danger que l'inhabileté des princes, et le plus sûr symptôme de la chute des empires est une suite de princes médiocres.* N'isolons pas la fin
de la phrase du commencement ; l'auteur parle des
temps anciens : il cite l'empire de Byzance. « En jetant
» les yeux, dit-il, sur les empires qui ont brillé et dis-
» paru, on voit que si quelques-uns se sont perdus par

»la témérité, la plupart ont péri par l'incapacité. Il n'est
»point de pire danger que l'inhabileté des princes, et le
»plus sûr symptôme de la chute des empires est une
»suite de princes médiocres. L'empire de Byzance a péri
»par cette cause. »

» C'est toujours pour établir les bienfaits de l'éducation
que l'auteur unit l'exemple au précepte.

» Enfin, on impute à l'éditeur d'avoir attaqué l'ordre de
successibilité au trône, en ce que *rappelant le trône des
Stuart, qui réunissait toutes les légitimités de l'Écosse et de
l'Angleterre, il en attribue la chute à l'incapacité du prince,
lorsque précédemment il avait dit que tous les princes de la
maison de France n'avaient reçu qu'une éducation médiocre et
frivole; d'où il suit qu'il leur présage les mêmes malheurs et
provoque ainsi au renversement du trône ou de l'ordre d'hérédité qui, dans sa pensée, a perdu l'éducation royale, comme les
nobles vertus se sont éteintes dans l'hérédité de la noblesse.*

» Remarquez, Messieurs, que le paragraphe ne dit rien
de ce que M. le procureur du roi lui fait dire, et que,
pour former un délit, M. le procureur du roi est obligé
de prendre une phrase au commencement de l'article,
une au milieu, une autre à la fin. C'est l'image d'un
procès de tendance en miniature. (On rit.) Prouvons-le :

« Le trône des Stuart, qui réunissait toutes les légitimités
»de l'Écosse et de l'Angleterre, était le plus affermi de
»tous les trônes de l'Europe, lorsqu'il s'est écroulé sous
»les pieds d'un prince incapable qui, voulant lutter
»contre l'esprit de son siècle, prétendit régner avec le
»sceptre de Rome, méconnaissant toute la force du sien,
»et avilissant la royauté, en la mettant sous la protection
»des prêtres : soumission honteuse autant que funeste,
»car la royauté doit toujours être protectrice et jamais
»protégée. Un roi qui place le trône sous l'autel, est plus
»digne de la prêtrise que de la royauté. »

» Le rapprochement indiqué par M. le procureur du roi n'existe pas et ne peut pas exister. Jacques II a perdu la couronne, parce qu'il voulait s'élever contre la religion dominante de son pays et renverser la constitution. Charles X proclame la religion dominante religion de l'état, il veut maintenir les institutions qui nous ont été données par son auguste frère. Le premier luttait contre l'esprit de son siècle, le second se met à la tête de la civilisation. Il n'y a donc aucune comparaison possible entre Charles le Bien-Aimé et l'infortuné Jacques II.

» Dire que l'hérédité a perdu l'éducation royale, comme les nobles vertus se sont éteintes dans l'hérédité de la noblesse, n'est pas non plus attaquer l'ordre de successibilité au trône. Qui ne sait que les premiers chefs de dynasties ont tous été de grands hommes, et que la vertu et la gloire de la plupart de leurs successeurs qui n'avaient plus un royaume à conquérir, se sont flétris dans le luxe et les plaisirs ? Fénélon, dans ses *Dialogues des Morts*, met ces paroles dans la bouche de Henri IV : « Le malheur m'a » beaucoup servi, car j'étais naturellement paresseux et » trop adonné aux plaisirs. Si je fusse né roi, je me serais » peut-être déshonoré ; mais la mauvaise fortune à » vaincre et mon royaume à conquérir, m'ont mis dans » la nécessité de m'élever au-dessus de moi-même. »

» L'auteur des *Destinées futures de l'Europe* n'a pas plus attaqué l'ordre de successibilité au trône que l'illustre prélat ne l'a attaqué dans son Dialogue entre Henri III et Henri IV. L'hérédité est un si grand bienfait, elle est tout à la fois si favorable aux peuples et aux rois, qu'elle ne pourrait aujourd'hui être attaquée que par une imagination en délire. Cette pensée n'est donc autre que celle-ci, exprimée en termes différens : Les meilleures institutions humaines ne sont pas exemptes de quelques imperfections.

« Que devient maintenant cette accusation si grave, si redoutable dans son origine? Quels sont les torts, les délits imputés à l'éditeur? Relativement à l'éducation des princes, il a rappelé les faits narrés par les historiens et reconnus par les souverains eux-mêmes. Vous avez vu, Messieurs, avec quel soin il a évité de confondre dans ses réflexions les rois dans la tombe et appartenant à l'histoire, avec le prince qui veille sur nos destinées, avec ce prince qui a reçu comme Henri IV l'éducation du malheur, la plus favorable aux peuples. Pénétrant dans l'avenir, et voulant cimenter l'union entre le prince et l'état, il réclame, en conseiller sincère et dévoué des rois, une éducation qui ne soit pas inférieure à celle des peuples. Et c'est sous le règne de la liberté de la presse, au moment où une loi nouvelle va légitimer encore cette liberté, que ces nobles pensées sont traduites devant les tribunaux! Mais la puissance du savoir et de la vertu a tant d'empire dans le cœur des magistrats, que les efforts faits pour renverser les idées dominantes et les besoins d'une époque éclairée, ne serviront qu'à en assurer le triomphe. »

Après cette plaidoirie, qui a paru produire une vive impression, le ministère public développe le système de l'accusation. « C'est l'esprit de l'article, dit-il, qui doit fixer l'attention des juges. La seule question qui leur est soumise est celle-ci : L'écrit est-il un libelle? oui ou non. L'affirmative n'est pas douteuse. La seule lecture a soulevé d'indignation. Notre législation a défini tous les délits. Or, il est évident que l'article en renferme trois.

» 1.° Offense envers les membres de la famille royale.

» Alléguer que *tous les princes de la maison de France, sans qu'il y ait exception,* n'ont eu qu'une éducation médiocre et frivole, c'est supposer qu'ils sont incapables de gouverner. Il y a donc offense. On nous a reproché que nous n'agissions que parce que nous y étions contraint par l'ancienne administration, par les jésuites. Comme le mandataire de l'autorité royale dans ce ressort, nous ne pouvions laisser passer ce qui tend à la déconsidérer. Vous écouterez cette voix de la patrie qui crie que sans les Bourbons pas de paix, pas de gloire, pas de liberté pour la France.

» 2.º Attaque contre la dignité royale.

» Ce délit se sent beaucoup mieux qu'il ne peut se définir. C'est la proscription des rois en général, c'est l'acte par lequel on cherche à établir qu'ils sont plus nuisibles qu'utiles. On se rend coupable de ce délit lorsqu'on les ravale au niveau des hommes ordinaires. Or, ce délit dérive de l'esprit de tout l'article.

» 3.º Attaque contre l'ordre de successibilité au trône.

» Il y a des dogmes que l'on ne peut attaquer dans un gouvernement représentatif, où règne la liberté de la presse. Or, l'article tend à proclamer la souveraineté populaire. En effet, on y établit que c'est *un droit des peuples de vouloir des garanties dans la vertu et le savoir des rois.* La vertu et le savoir seuls constituent la légitimité. Or, si les peuples ont le droit de les exiger, il s'ensuit qu'ils ont aussi le droit de déposséder les rois, lorsqu'ils reconnaissent qu'ils n'ont ni la vertu, ni le savoir. Il y a encore attaque à l'ordre de successibilité, en parlant d'un *prince français contemporain qui a donné à ses fils une éducation généreuse et nationale;* il insinue que *c'est là une action profonde qui, dans le péril d'une famille royale, empêcherait peut-être d'y envelopper tous ses membres.* »

Le ministère public finit par l'éloge de Louis XVIII et de Charles X, et conclut à trois mois de prison et 3,000 francs d'amende.

Dans une réplique animée, M.ᵉ Doyen repousse de nouveau l'accusation; et, d'accord sur un seul point avec le ministère public (l'éloge de Charles X et de Louis XVIII), il s'écrie : « Oui, vous avez acquis des droits à la reconnaissance nationale en nous donnant cette charte immortelle, palladium des libertés publiques, le plus beau présent que la monarchie ait fait à la France. » (Des applaudissemens se font entendre. M. le président rappelle à l'ordre et au silence.)

M. Leleux, éditeur responsable de *l'Écho du Nord,* prend à son tour la parole ; et après avoir payé à M.ᶜ Doyen, son défenseur, le tribut d'éloges qu'il méritait, il s'exprime en ces termes :

« Messieurs,

» Nous n'en sommes plus au temps où l'on contestait aux citoyens le droit de publier leurs opinions. Revenus à cet égard d'erreurs trop long-temps accréditées, la plupart des souverains de l'Europe ont fini par reconnaître que le droit de communiquer à autrui ce que l'on pense et ce que l'on sent, est attaché à la nature d'un être sociable : tout homme peut donc penser, parler et écrire librement. (1)

» Plusieurs publicistes, et des législateurs justement vénérés, ont été plus loin : « Ce que nous présentons » comme un droit inviolable est encore une obligation » sacrée, dit M. Portalis (2) ; car toute personne est » redevable à sa patrie, à ses semblables, de ses talens, » de ses connaissances, de ses observations, de ses lu- » mières : c'est en cherchant à instruire les hommes » que l'on peut pratiquer cette vertu générale qui com- » prend l'amour de tous. La liberté de la presse dérive » donc autant de la morale du citoyen que des droits » de l'homme. »

_______________

(1) Portalis, *Rapport au conseil des Cinq-Cents.*
(2) *Idem.*

» Partant de ce principe, un écrivain, déjà connu par des productions dignes d'estime, a livré au public un livre nouveau, dans lequel il s'est efforcé de prouver que l'esprit des princes doit marcher avec l'esprit des peuples, pour éviter des chocs et des révolutions : ce livre a pour titre : *Des Destinées futures de l'Europe.* C'est là que se trouve, sur l'éducation des princes, un chapitre fort de pensée, énergique d'expression, éminemment vrai, par conséquent éminemment utile ; car le vrai porte en soi le caractère de l'utilité.

» Ce chapitre, auquel une circonstance actuelle donnait un nouveau degré d'intérêt, a été reproduit dans le journal dont je suis l'éditeur, et au grand étonnement de l'auteur, du public, de vous-mêmes peut-être, il est devenu l'objet de graves inculpations.

» Vous avez entendu, Messieurs, ces inculpations, développées devant vous par le ministère public avec beaucoup de détail, mais aussi avec une précision qui rend heureusement la justification facile ; je vous prie d'avoir la bonté de me permettre d'exposer les motifs sur lesquels je prétends l'établir.

» L'auteur de l'article, car c'est bien sur lui que tombe l'accusation, est prévenu de trois chefs de délit :

» 1.° Offense envers les membres de la famille royale ;

» 2.° Attaque contre la dignité royale ;

» 3.° Atteinte à l'ordre de successibilité au trône.

» Pour ceux qui connaissent la personne de qui émane l'écrit incriminé, une pareille prévention doit causer au moins de la surprise. S'il est un citoyen dévoué à l'ordre monarchique et à la légitimité, c'est bien assurément l'auteur de ce livre, où domine une seule pensée, la stabilité des trônes ; où règne un seul esprit, la crainte des révolutions ; où se manifeste un seul désir, l'union des peuples et des rois. Certes, celui qui écrit avec de pareils sentimens et dans un but si évidemment pacifique, n'eût-il pas d'autres titres à la considération, mériterait déjà d'être distingué d'entre ses semblables. Mais quand il arrive que cet écrivain, indépendamment des services qu'il a rendus en cette qualité, se trouve encore avoir donné à son prince et à son pays, soit comme citoyen, soit comme administrateur, de nombreuses et puissantes marques d'amour, de dévoûment, de fidélité, ce n'est plus seulement de la surprise que l'on éprouve en le voyant traduit devant les tribunaux, c'est un sentiment pénible, une affection de malaise et de regret que le langage est impuissant à exprimer. Tel est le cas où se trouve l'auteur des *Destinées futures de l'Europe*. Associé à lui par une solidarité honorable, bien que malheureuse, c'est à moi qu'il appartenait de faire connaître son caractère et sa conduite : vous apprécierez, Messieurs, le motif qui me porte à taire son nom ; mais si l'observation des convenances m'oblige à cette réserve, j'ai la certitude que de plus grandes révélations sont inutiles : il n'est aucun de vous qui ne connaisse la personne dont il s'agit ; j'oserai dire même qu'il n'est aucun homme d'honneur qui ne se félicitât de son amitié.

» Quand on peut parler en pareils termes d'un accusé, quand surtout on peut développer la preuve de telles paroles, on est bien fort contre l'accusation ; aussi, Messieurs, suis-je entièrement rassuré sur l'issue de celle-ci. J'ai déjà démontré, et vous avez déjà senti qu'il serait absurde de suspecter les intentions d'un écrivain dont les antécédens sont si honorables. La justification du livre, et partant de l'article que j'y ai puisé, est là toute entière. Point de volonté coupable, point de délit.

» C'est ici le cas de rappeler l'importance de la question intentionnelle, sans laquelle il ne peut y avoir de culpabilité. Si cette question est jamais puissante, c'est surtout en matières d'écrits politiques ; car rien n'est plus aisé à incriminer que des écrits : il suffit de détacher quelques phrases de leur entourage, de les rapprocher de quelques autres, également isolées de leur cadre, pour constituer un corps de délit, bien étranger aux intentions de l'écrivain. Il n'est aucun de nos classiques qui pût se soustraire aux conséquences d'une pareille opération, pas même l'innocent et naïf Lafontaine qui comparait les princes à des larrons (1) ; pas même le sévère et judicieux Boileau, qui s'écriait dans son *Lutrin :*

Abîmons tout plutôt, c'est l'esprit de l'Église.

Pas même l'harmonieux et sensible Racine, qui foudroyait la justice divine dans ces vers que tout le monde sait par cœur :

Voilà de ces grands dieux la suprême justice !
Jusques aux bords du crime ils conduisent nos pas ;
Ils nous le font commettre et ne l'excusent pas !

Ce grand poëte, Messieurs, avait flétri du titre de baladin un empereur qui se donnait en spectacle dans le cirque : vite les courtisans de crier au scandale ! à l'horreur ! à l'infamie ! Le roi danse dans les ballets de la cour, disaient-ils, c'est lui que l'auteur a voulu peindre et ridiculiser : le pont-levis de la Bastille s'abaissait déjà sous les pas de l'auteur de *Britannicus ;* mais heureusement pour lui, pour la France, pour le monde lettré, le bon sens du grand roi l'emporta sur le zèle bassement actif des hommes de cour : il ne retira point sa faveur au poëte, et se corrigea d'un travers incompatible avec sa dignité.... Oh ! qu'il connaissait bien le pouvoir de l'interprétation ce ministre qui disait : « Donnez-moi dix lignes de l'écriture d'un homme, et » je réponds d'y trouver de quoi le faire pendre. »

_________________

(1) *Les Voleurs et l'Ane,* fable.

» Je dois m'élever avec force, Messieurs, contre un pareil système, système dont l'accusation a fait un abus déplorable dans cette cause. Ce n'est pas sur des phrases isolées que j'appellerai l'attention de mes juges ; c'est sur l'ensemble de l'article qu'on incrimine ; c'est sur la pensée qui a présidé à sa rédaction ; c'est sur le but que s'est proposé l'auteur. Qu'importe une expression plus ou moins énergique ! Nous ne sommes plus au temps où le monde était bouleversé par des mots : les esprits sont plus calmes, c'est-à-dire plus sages ; ils ne s'émeuvent plus pour si peu : pour condamner aujourd'hui, il faut des faits patents, constans, positifs ; il faut surtout que la culpabilité intentionnelle soit manifestement établie.

» Raisonnons d'après ces principes, et voyons quel est l'esprit qui domine dans l'article inculpé. Cet esprit est évidemment conservateur, évidemment favorable à la stabilité des gouvernemens. Que résulte-t-il, en effet, de l'ensemble de l'article ? Rien que ce peu de mots : « Les peuples sont aujourd'hui plus éclairés qu'autre-» fois ; leur instruction étant plus noble et plus étendue, » il est nécessaire que *l'éducation politique* des rois soit » plus haute et plus profonde. » Voilà, Messieurs, dans son expression la plus simple, toute la pensée de l'auteur : assurément il n'y a là rien de répréhensible. Remarquez, je vous prie, qu'il n'est question ici que de *l'éducation politique ;* car c'est celle-là seule dont l'écrivain s'occupe ; c'est celle-là seule qu'il voudrait qu'on améliorât, puisque c'est celle-là seule qu'il importe que les princes reçoivent pleine et entière.

» L'auteur, s'occupant de l'éducation des princes, établit d'abord son importance : il s'appuie de l'autorité des anciens, et surtout de Plutarque qui, en parlant des rois, dit fort judicieusement que *les premiers en pouvoir devraient être aussi les premiers en savoir et en toutes choses :* il cite Suétone, Philippe de Macédoine, Quinte-Curce, Alphonse d'Aragon, qui tous ont vanté, non seulement l'excellence, mais encore la nécessité d'une éducation forte et étendue : il arrive enfin à exprimer ce vœu philosophique, de ne plus voir les peuples adresser aux rois cette sévère parole des gens de Sparte à un des leurs : *A part votre royauté, vous ne nous surpassez en rien.* Un pareil vœu serait-il donc considéré comme un crime ? Le bon sens se révolte à cette seule idée. Non, cela n'est point d'un criminel ; mais cela est d'un bon citoyen, d'un ami de l'humanité : une pensée si haute et si profonde ne sera point flétrie par votre désapprobation. Vous en avez déjà reconnu la justesse, vous en proclamerez bientôt l'innocence.

» Après avoir fait ressortir l'importance de l'éducation des rois, le publiciste avait à prouver combien ce grand principe a été méconnu, combien la jeunesse des princes a été mal dirigée. L'autorité des anciens vient d'être invoquée pour démontrer la vérité du premier point ; l'autorité des modernes va l'être à son tour pour établir le second. A la tête des écrivains dont il apporte le témoignage, se place Boulainvilliers, l'un des plus savans historiens du dix-septième siècle. Boulainvilliers dit positivement *qu'à dater de la monarchie, il n'y a presque que le seul Charlemagne à excepter de la crasse ignorance où ont vécu tous nos rois;* et cependant le même historien remarque, d'après Éginard, « que ce prince avait appris si tard les lettres » romaines, qu'il ne put jamais parvenir à les bien former » dans l'écriture, quoiqu'il eût coutume de faire mettre » des tablettes sous l'oreiller de son lit pour s'y exercer » durant la nuit, dans les intervalles de son sommeil. » (1)

_______________

(1) Boulainvilliers, Gouv., tome I.er, page 77.

» Tous les écrivains qui se sont occupés de l'histoire de France s'accordent généralement sur ce point, que l'éducation première des princes a toujours été négligée, et il y a lieu de s'étonner que l'auteur de l'article n'ait pas appuyé ses assertions de citations plus nombreuses. Jean de Marnix, qui écrivait en 1627, s'exprime ainsi dans son *Traité de politique :* « Je ne puis dissimuler le » grand tort qu'on fait aux princes, leur ôtant l'affection » de l'étude, vu qu'il n'y a personne qui doive savoir da- » vantage qu'eux. Je ne sais à quoi tendent de semblables » avis, si ce n'est afin que les princes, n'entendant pas » leurs affaires, s'étonnent, se précipitent, et aient be- » soin de prendre des maîtres pour leur enseigner ce » qu'ils doivent faire, et au lieu d'être gouverneurs être » gouvernés. »

» Le même auteur rapporte que la maxime favorite du cruel Louis XI, *dissimuler pour régner,* fut long-temps la base de l'éducation des rois. *Qui nescit dissimulare nescit regnare;* voilà ce qu'on apprit à Charles VIII et à plusieurs de ses successeurs. (1)

» Vicquefort, dans ses *Mémoires sur les Ambassadeurs,* s'exprime en ces termes :

« Le maréchal de Biron, le père, parlait des princes » du sang de son temps comme de personnes qui ne » pouvaient se faire considérer que par la *seule* qualité » de leur naissance. Après Henri IV, il n'y eut que le » prince de Condé qui soutint la réputation de la maison.»

» *Madame,* duchesse d'Orléans, qui avait épousé *Monsieur,* frère de Louis XIV, dit dans ses Mémoires que ce monarque avait beaucoup d'esprit naturel, mais qu'il était *très-ignorant.* Il en avait honte, ajoute-t-elle; aussi était-on obligé de tourner les savans en ridicule. (2)

---

(1) Jean de Marnix, *Résolutions politiques.*
(2) Page 26.                                        3 .

» Permettez-moi, Messieurs, de donner quelques ex-
traits de ces curieux Mémoires, dont il existe une
édition de 1823 :

« Louis XIV et toute sa famille haïssaient la lecture.
» On n'avait rien appris au roi ni à *Monsieur* : à peine
» savaient-ils lire et écrire. » (1)

« Le cardinal Mazarin s'étant aperçu que le roi (Louis
» XIV) avait moins de vivacité que son frère, craignit
» que celui-ci ne devînt trop savant : il avait donc enjoint
» à son précepteur de le laisser jouer et de ne pas lui
» laisser poursuivre ses études. De quoi vous avisez-vous,
» M. La Motte Levayer, disait le cardinal, de faire un
» habile homme du frère du roi? S'il devenait plus savant
» que le roi, il ne saurait plus obéir aveuglément. » (2)

» La même princesse nous apprend encore que le grand
roi s'est plaint souvent de ce qu'on ne l'avait pas laissé
assez parler *avec les gens* dans sa jeunesse, de sorte que,
hors la cour, il ne connaissait rien du monde et n'avait
aucune idée de ce qu'il s'y passait. *Monsieur* lui-même
croyait que tout bourgeois de Paris devait avoir une
maison de campagne.

» L'abbé Millot, dont les ouvrages sont entre les mains
de tous les jeunes gens, fait la même remarque à propos
de Louis XIV. « Son éducation avait été fort négligée,
» dit-il, et c'est un des reproches qu'on peut faire à Ma-
» zarin, Il arrivera peut-être un jour, ajoute cet historien,
» que les princes élevés avec moins de faste et de mollesse,
» accoutumés à voir les hommes plutôt qu'à être encensés
» par les courtisans, exercés au travail qu'impose la sou-
» veraineté plus que tous les autres états de la vie, feront
» dès l'enfance le pénible apprentissage de leurs devoirs.

- (1) Page 28.
  (2) Page 87.

» Il était presqu'impossible qu'un Henri IV sortit de la
» cour voluptueuse de Louis XIV. » (1)

» Invoquons maintenant des autorités d'un autre genre.
Voltaire, qui fut le panégyriste le plus décidé de Louis-
le-Grand, dit en termes formels que ce monarque *fut
élevé dans l'ignorance*, et que le bon sens avec lequel il
était né le rendait timide. (2)

» Henri IV n'était pas satisfait de son éducation,
Louis XIV et Louis XV se sont plaint hautement de la
leur. Le père de notre auguste souverain a répété souvent qu'il avait été obligé de refaire la sienne. Louis XVI
lui-même disait à un noble personnage, maintenant
pair de France et l'un des plus illustres défenseurs des
libertés constitutionnelles : « Il faut espérer qu'on soi-
» gnera l'éducation de mon fils, car pour nous, on n'y a
» pas même pensé. »

» Méditez, Messieurs, ces paroles du monarque ; rap-
prochez-les des circonstances fatales qui ont marqué la fin
de son règne, et pressentez quelles ressources il n'eût point
trouvées dans une éducation étendue, forte et généreuse !
Il me semble voir la grande ombre de ce prince appa-
raître dans cette enceinte, pour confirmer, par son témoignage, la justesse de mes assertions. L'entendez-
vous s'écrier avec l'accent de la douleur et du regret :
« Faute de lumières suffisantes pour juger moi-même
» les hommes et les choses, j'ai dû me confier à des con-
» seillers inhabiles ou perfides qui m'ont précipité du
» trône, et livré sans défense aux fureurs populaires ! »
C'est sa voix, Messieurs, c'est la voix du roi martyr qui
a révélé cette triste vérité !

» Ainsi, vous l'avez vu, les faits historiques sont venus

---

(1) *Élémens de l'histoire de France*, tome III.
(2) *Siècle de Louis XIV*, tome I.er

déposer en faveur de nos raisonnemens. Que la plupart de nos rois, depuis Charlemagne jusqu'à Louis XVI, n'aient reçu qu'une éducation médiocre et frivole, c'est un point qu'on ne saurait contester. Peut-être con-testera-t-on qu'il soit convenable de le dire ; mais vous n'êtes point juges d'une question de convenance, et le fussiez - vous, Messieurs, que nous ne déclinerions pas votre juridiction. Nous sommes assez forts de la droiture de nos intentions et de la bonté de notre cause, pour être sans défiance de votre jugement.

» Ce qui est vrai n'est pas toujours bon à dire, objec-tera-t-on. C'est là un axiome mensonger qu'il faut dé-truire. La vérité, par cela seul qu'elle est vérité, ne peut jamais être une cause de dommage. Il n'y a que l'erreur et le mensonge qui soient nuisibles. La vérité, haute-ment manifestée sur le défaut d'instruction des princes, doit avoir pour premier effet d'appeler l'attention des rois sur l'éducation de leurs familles, et par cela même de faire cesser l'état de choses dont on se plaint. Cette vérité peut présenter en résultat des bienfaits immenses, et le temps n'est pas éloigné, peut-être, où les peuples s'écrieront dans l'élan de leur reconnaissance : *Honneur à qui l'a proclamée !*

» La manifestation de ce qui est vrai a pu quelquefois être funeste à celui qui se l'est permise ; mais tout le courroux de la puissance égarée n'a jamais été un obstacle pour les âmes généreuses, pour les grands citoyens. Le courage que l'ancienne magistrature a déployé tant de fois en déposant la vérité au pied du trône, forme la plus belle part de sa gloire. Ce courage que vous ap-plaudissez dans nos magistrats, ce courage qui fait pal-piter vos cœurs d'un noble mouvement d'admiration, vous ne le condamnerez pas dans un écrivain, auquel la loi accorde aujourd'hui bien plus que le droit de ré-montrance, accordé jadis aux parlemens. Si l'héritage de ces derniers vous est cher, vous ne le répudierez pas, en sévissant contre un écrivain dont le tort, après tout, serait, à leur exemple, d'avoir fait entendre aux puissans des paroles de vérité.

» Il est beaucoup parlé de princes dans l'article dont le ministère public poursuit la répression ; et M. le procureur du roi a donné à ce mot une extension considérable, afin d'arriver à la preuve d'une offense envers les membres de la famille royale. Je dois, Messieurs, restreindre cette expression à sa portée naturelle, selon l'esprit du livre où elle se trouve employée.

» Il est évident que le mot *prince*, d'après l'auteur, ne s'entend que des têtes couronnées, car c'est de celles-là seules qu'il importe que l'éducation soit forte et généreuse, parce que celles-là seules agissent sur les peuples. Que les princes des branches puînées ou collatérales des familles souveraines soient élevés d'une manière où d'une autre, cela est indifférent aux citoyens qui ne sont tenus à l'égard de ces princes qu'à un sentiment de respect, et qui n'en attendent en réciprocité que de la bienveillance. Tout l'échafaudage élevé pour établir le premier chef de délit s'écroule par cette seule observation.

» En effet, l'auteur n'a parlé que des rois, n'a cité que des rois. Relisez l'article, vous verrez qu'immédiatement après la phrase sur laquelle est assise l'accusation, vous verrez, dis-je, rappelés en exemple les noms de Louis XIV, Louis XV, Louis XVI, Louis XVIII, Charles IV, Louis XI, Charles VIII, etc., qui tous ont monté sur le trône. Les membres de la famille royale sont en dehors : il n'est aucunement question d'eux, et si plus bas un prince contemporain est vaguement désigné, c'est pour lui offrir le tribut d'un éloge flatteur.

» C'est peu d'avoir établi que l'auteur de l'article n'a parlé que des rois ; j'irai plus loin : je prouverai qu'il ne s'est occupé que de ceux dont le règne est consommé, dont les actions sont tombées dans le domaine de l'histoire. Ce que j'avais l'honneur de vous dire à l'instant vient à l'appui de cette assertion, puisque sur plus de vingt rois ou nommés, ou désignés dans l'article, il n'en est pas un seul qui soit vivant. Vous le savez, Messieurs, si l'on doit des égards aux vivans, on ne doit aux morts que la vérité : c'est le mot d'un grand homme (1); et la vérité, même déplaisante à la mémoire des morts, ne constitue pas un délit : c'est l'esprit de la législation actuelle; c'est une jurisprudence confirmée par plusieurs arrêts (2). Et voyez quelles conséquences entraînerait un système contraire! Ce ne serait point assez de briser le burin de l'histoire; il faudrait renoncer à l'avantage immense que l'esprit humain trouve dans l'expérience des temps passés!.... Ce n'est pas sous le règne d'un prince qui fut deux fois le restaurateur de la liberté d'écrire, qui affermit par ses sermens les principes sacrés sur lesquels elle est fondée, qui montre un amour si éclairé pour les arts, qui honore d'une protection si puissante, si libérale, et le savoir, et le talent; ce n'est pas au nom d'un monarque si franchement ami des institutions constitutionnelles que peut se consommer un tel acte de vandalisme; et ce n'est pas vous, Messieurs, qui en consacrerez la doctrine. Respect aux vivans, c'est ce que la loi exige; vérité aux morts, c'est ce qu'elle permet : nous y avons satisfait; on ne peut nous demander rien de plus.

» Mais n'ai-je pas entendu l'accusation déduire de notre article une attaque à la dignité royale ? Eh quoi ! parce que nous aurons dit que la plupart des rois n'ont pas reçu une éducation en rapport avec le rang élevé qu'ils tiennent dans la société, on en inférera que nous avons

______________

(1) Voltaire.
(2) Affaires de la maréchale Brune et des Lachalotais.

porté atteinte à la dignité de la couronne !.... Cela ne peut se concevoir. Autant vaudrait dire que l'on a attenté à l'indépendance de la magistrature, parce qu'on a signalé des magistrats serviles, ou complaisans au pouvoir. La dignité royale est indépendante de la personne du monarque, comme la dignité de la justice est indépendante du juge. L'une est une abstraction digne de tout le respect des hommes, l'autre est un être humain et comme tel sujet à toutes les faiblesses de l'humanité. D'ailleurs, dire d'un roi que son instruction première a été incomplète, ce n'est point dire qu'il ait mal rempli ses devoirs de prince, ce n'est point l'accuser lui-même; c'est accuser seulement les hommes qui ont dirigé sa jeunesse. Or, quels sont ces hommes? L'auteur que je représente devant vous les a nominativement désignés : ce sont d'abord des prêtres, puis des courtisans. On peut dénier sans crime aux uns et aux autres les qualités nécessaires pour former l'éducation d'un prince : on l'a fait avant nous. Les pères de l'Église, les auteurs les plus dignes de considération ont condamné l'intervention du clergé dans les affaires temporelles. Les devoirs d'un précepteur sont-ils autre chose? N'est-ce pas une affaire toute mondaine que l'étude des langues, du calcul, de la géographie, de l'histoire, de la politique? Il ne s'agit que d'ouvrir nos annales pour s'assurer que l'intervention des ecclésiastiques dans les affaires civiles a presque toujours été malheureuse. « Depuis que les évêques de » France, dit l'abbé Fleury (1), se virent seigneurs et » admis en part du gouvernement des états, ils crurent » avoir, comme évêques, ce qu'ils n'avaient que comme » seigneurs. Ils prétendirent juger les rois, non seule-» ment dans le tribunal de la pénitence, mais dans les

______

(1) Histoire ecclésiastique, troisième discours.

» conciles. La cérémonie du sacre, introduite dans le mi-
» lieu du huitième siècle, servit encore de prétexte : les
» évêques, en imposant la couronne, semblaient donner
» le royaume de la part de Dieu. » Les hommes desquels
on peut parler ainsi que l'abbé Fleury, les hommes dont
les prétentions sont aussi exagérées, paraissent-ils bien
propres à former le cœur d'un roi? Lui diront-ils que
son premier droit est l'indépendance? On peut raison-
nablement en douter.

» Les courtisans feront-ils mieux? Voyons d'abord ce
que c'est qu'un courtisan. Un homme, dont l'autorité
est grave en toute matière, Montesquieu en a tracé le
portrait. « L'ambition dans l'oisiveté, la bassesse dans
» l'orgueil, le désir de s'enrichir sans travail, l'aversion
» pour la vérité, la flatterie, la trahison, la perfidie,
» l'abandon de tous ses engagemens, le mépris des de-
» voirs du citoyen, la crainte de la vertu du prince,
» l'espérance de ses faiblesses, et plus que tout cela, le
» ridicule perpétuel jeté sur la vertu, forment, dit-il, le
» caractère du plus grand nombre des courtisans. » (1)
Est-ce à de pareils précepteurs qu'il est convenable de
confier la jeunesse des rois? L'auteur de l'article et
moi nous sommes prononcés pour la négative, et, quoi
qu'en dise la prévention, il nous était parfaitement licite
de le faire. Il n'y a point d'exemple que l'on ait pris la
défense des cours : les orateurs, les écrivains sacrés et
profanes ont tous tenu le même langage à leur égard;
tous se sont entendus pour les flétrir et les condamner.
L'accusation contre les courtisans est universelle : par
quelle étrange aberration le ministère public s'arme-t-il
aujourd'hui pour leur défense? et comment se fait-il
qu'une phrase comme celle-ci : *La politique des cours n'a*

________

(1) *Esprit des Lois*, tome I.ᵉʳ, liv. III, chap. V.

*été que trop funeste à l'éducation des princes,* serve de fondement à une inculpation ? En quoi cette phrase peut-elle porter atteinte à la dignité royale ? Quels rapports existe-t-il entre la personne du monarque et les hommes de cour ? L'insolence et la bassesse des valets de grande maison sont passés en proverbe; en quoi cela peut-il attenter aux qualités des maîtres ?

» Je l'ai dit déjà, Messieurs, la dignité royale est une abstraction. C'est un être moral qui participe de la majesté du trône, de l'indépendance de la couronne et de l'inviolabilité du souverain; en un mot, c'est la royauté. Il me paraît impossible de la concevoir autrement. Or, y a-t-il dans notre article un seul trait qui puisse donner à penser que l'auteur ait voulu attaquer ou la majesté, ou l'indépendance, ou l'inviolabilité du pouvoir royal ? Je vous le demande, Messieurs, et je défie l'accusation de le prouver. La dignité royale est tellement indépendante de la personne du monarque que, sous Charles VI, de France, et le feu roi Georges, d'Angleterre, affectés tous deux d'une aliénation mentale, elle n'a pas cessé d'être entière, respectable et respectée. Le pire de la dignité royale serait de suivre la condition du prince; car alors elle rentrerait dans les affections ordinaires de l'humanité. Sa place est marquée plus haut : voilà pourquoi les atteintes qu'on y pourrait porter sont punies de peines si sévères. A quelle époque de la monarchie la dignité royale fut-elle plus imposante que sous Louis XIV ? et cependant nous avons vu combien l'éducation primitive de ce prince avait été négligée : preuve nouvelle que la dignité royale n'est pas aussi intimement liée qu'on veut le faire croire à la personne du roi. C'est ce qu'a très-judicieusement établi le législateur en classant séparément, en punissant de peines différentes les délits d'offense envers le souverain et d'attaque à sa dignité.

» J'arrive, Messieurs, au troisième chef de la prévention, c'est-à-dire à la prétendue attaque contre l'ordre de successibilité au trône, attaque que le ministère public prétend résulter de quelques passages de notre article.

» On ne peut se défendre d'un sentiment de surprise à l'aspect d'une si étrange imputation ; mais ce sentiment fait place à un autre quand on a pu méditer les moyens employés pour l'établir. Voyons néanmoins sur quoi elle repose. Nous avons dit qu'un prince a fait une action profonde en donnant à ses fils une éducation généreuse et nationale : c'est exciter au renversement de la dynastie. Nous avons dit qu'il n'est point de pire danger que l'inhabileté des princes : c'est provoquer la déchéance des nôtres. Nous avons dit que le plus sûr symptôme de la chute des empires était une suite de princes médiocres : c'est présager et appeler le renversement du trône de France. Nous avons dit que l'empire de Byzance et le royaume des Stuart étaient tombés par cette cause : c'est prédire les mêmes malheurs et provoquer aux mêmes désastres. Voilà, Messieurs, l'esprit et la logique de l'accusation. Pour l'adopter, il faut renoncer aux notions les plus vulgaires du langage ; il faut admettre que *présage* et *provocation* sont synonymes ; il faut admettre que *l'éloge* d'un homme est nécessairement *la satire* de tous les autres ; il faut admettre *qu'indiquer* un écueil, c'est *désirer* le naufrage du navigateur ; il faut admettre que *montrer* un abîme, c'est y *précipiter* celui qu'on éclaire ; il faut admettre enfin tant d'absurdités, qu'on recule à la seule idée de leur énumération. Voilà, Messieurs, ce qu'on vous demande de consacrer en principe ; voilà ce que le ministère public a cherché si laborieusement à démontrer. On doit regretter, et moi-même je regrette le premier, que tant de talent ait été prostitué à la défense d'une telle cause, cause que je n'hésiterais pas à qualifier d'une épithète vengeresse, si le respect dû à la magistrature n'imposait de la retenue ; si le zèle, même exagéré, n'avait en soi son excuse, quand il s'agit surtout des intérêts puissans de la royauté. Non, nous n'avons point provoqué au renversement de l'ordre héréditaire établi dans la famille royale : le contraire résulte évidemment et de l'ensemble, et de tous les détails de notre article. Nous avons dit à un voisin : Tel a vu crouler sa maison, parce qu'elle était assise sur des fondemens peu solides ; c'est un avertissement de prendre garde à la tienne et de l'étayer si elle manque d'appui. Nous ne lui avons pas dit : Ta maison s'écroulera et nous nous en réjouirons. Et ce voisin, Messieurs, n'est pas plus un Français qu'un Russe, un Belge ou un Danois : c'est un membre de la grande famille humaine, un citoyen du monde, de ce monde que le grand homme de Macédoine appelait une cité commune : *Magnus Macedo orbem terrarum civitatem communem appellabat.* (1)

» C'est ici le cas de le faire remarquer : notre livre, celui contre lequel on vous demande une condamnation, n'a point pour objet le gouvernement de France, mais celui de toutes les nations. Traduit dès son apparition, dans toutes les langues de l'Europe, il est reçu partout avec la considération qu'il mérite : il est accueilli comme une haute conception politique qui, selon le mot d'un ancien, *enseigne tout ensemble les peuples et les rois.* Imprimé dans une monarchie constitutionnelle, il circule librement dans les états des souverains absolus : on le lit à Berlin comme à Moscou, dans l'Allemagne et en Italie. La susceptibilité ombrageuse de l'Autriche, qui tient sous un joug de fer les peuples de cette péninsule, jadis si féconde en grands hommes et en grandes vertus, n'a

---

(1) Plutarque.

point fermé ses barrières à la production d'un écrivain qui a pris la défense et de tous les droits, et de tous les pouvoirs. Étrange spectacle! C'est en France sa patrie, c'est à des juges ses concitoyens, qu'on demande la condamnation d'un homme que toutes les nations se trouveraient heureuses de pouvoir revendiquer, et dont peut-être elles sollicitent l'adoption comme une faveur!

» Mais cessons de nous étonner : nous vivons dans un temps où les phénomènes les plus extraordinaires s'expliquent par des causes naturelles. Après ce que nous avons vu de l'audace d'une faction alors même qu'elle n'avait que des espérances, après ce que nous avons éprouvé quand elle eut un peu de pouvoir, rien ne doit nous surprendre, aujourd'hui qu'elle se croit de nombreux et puissans auxiliaires. Un moment menacée dans son existence, elle a redoublé d'efforts, d'intrigues, de délations. La source de notre procès est là. Un des organes les plus furibonds (1) de ce parti terrible a fulminé contre nous une dénonciation, hypocritement masquée d'un faux zèle pour la royauté; le pouvoir, accoutumé six ans à subir ses caprices ou à craindre ses coups, a pris soudain l'alarme, et, sans considérer si des poursuites si tardives, dirigées dans des circonstances pareilles, n'étaient point de nature à faire suspecter son indépendance, il s'est armé au commandement du monstre et a marché à sa voix. Qu'espère-t-il de cette démarche obséquieuse? Un triomphe? Vain espoir! Nous avons pour combattre avec nous la raison et la vérité, et c'est vous, Messieurs, qui êtes les juges du combat.

» Au milieu de la corruption générale qu'un système déplorable voulut organiser parmi nous, la France se reposa avec confiance sur les organes de la justice; elle

--------

(1) *Gazette de France.*

ne fut point déçue dans son espoir : l'honneur français se réfugia dans la magistrature, comme à une autre époque il s'était réfugié dans les camps. La magistrature a sauvé la France. Honneur à la magistrature ! Jamais, à aucune époque de la monarchie elle ne s'est élevée plus haut dans l'esprit des peuples. Les peuples, plus éclairés, peuvent aujourd'hui mieux apprécier ce qu'il a fallu de courage, de patriotisme et de vertu pour résister aux séductions d'un pouvoir inique et sans frein. Aussi, quel Français n'aime à reposer ses regards sur cette auréole de gloire qui brille au front des dépositaires de la justice, et l'entoure comme une couronne d'immortalité ! Il vous est réservé, Messieurs, d'y ajouter un fleuron nouveau : c'est ce que la France attend de votre indépendance ; c'est ce que j'espère de votre impartialité. »

Ce discours, prononcé d'une voix forte et assurée, a produit sur l'auditoire une sensation profonde ; les juges ont paru même en être touchés.

Le prononcé du jugement a été remis à huitaine.

# CONSULTATION
# POUR L'ÉCHO DU NORD.

Le Conseil soussigné, qui a pris une lecture attentive 1.º d'un article inséré dans le N.º 34 de *l'Écho du Nord,* année 1828, et relatif à *l'éducation des princes ;* 2.º d'une assignation, en date du 22 Mai 1828, donnée, à la requête du ministère public (1), à l'éditeur responsable de ce journal, à raison de prétendus délits qui résulteraient de l'article sus-énoncé ;

Est d'avis que l'article incriminé ne renferme pas même l'apparence d'un délit, et que l'éditeur responsable doit, en conséquence, être renvoyé de la plainte.

Au premier coup-d'œil jeté sur cet article, on voit que la pensée principale sur laquelle il repose est que, dans l'état actuel des sociétés, il est indispensable que les princes reçoivent une éducation élevée et forte. Plusieurs paragraphes sont consacrés à l'énoncé théorique de cette proposition ; le reste de l'article se compose de remarques et d'exemples historiques tendant à démontrer par les faits, les bons ou mauvais résultats de la bonne on mauvaise éducation des princes.

Rien de plus innocent, rien même de plus sage que cette pensée, considérée en elle-même. Il est évident que la culture de l'âme et de l'intelligence est un besoin impérieux pour les hommes dont les sentimens et les opinions sont appelés à exercer une si haute influence sur les destinées de leurs semblables. Le délit n'est donc

(1) Voyez ci-après, page 58.

point dans le principe de l'article ; il ne pourrait résulter que des détails.

C'est aux détails aussi que la prévention s'est attachée, obéissant en cela aux prescriptions de l'art. 6 de la loi du 26 Mai 1819, lequel a pour objet d'établir la *spécialité* des griefs en matière de délits de la presse. Aussi, bien que la citation parle transitoirement d'un *outrage à la dignité royale*, qui résulterait de *l'ensemble* de l'article, il est évident qu'elle n'attache à ces mots d'autre sens que celui d'une sorte de protestation anticipée sur l'approbation que l'on pourrait vouloir induire de son silence, et qu'elle n'a point entendu par-là se soustraire à l'obligation légale de spécialiser les textes inculpés. C'est donc à ces textes que la défense doit uniquement s'attacher : c'est sur eux aussi que le conseil doit concentrer son examen.

Nous suivrons ici la prévention dans tous ses détails.

1.º La prévention voit une *offense envers les membres de la famille royale,* dans cette proposition que « *tous les princes de la maison de France, sans qu'il y ait exception, n'ont eu qu'une éducation médiocre et frivole.* »

Sur ce premier point, la prévention nous semble en contradiction avec elle-même. En effet, elle n'accuse point l'éditeur de l'article du délit *d'offense envers la personne du roi,* prévu par l'article 9 de la loi du 17 Mai 1819 ; et en cela, elle a parfaitement raison, car il est manifeste, d'après les développemens qui suivent les paroles incriminées, que la pensée de l'auteur n'a pu s'arrêter un moment sur cette personne auguste.

Mais dès lors on ne comprend plus le grief de la prévention ; car il est également manifeste que le mot *princes,* dans la phrase inculpée, est employé comme synonyme de *rois.* Cela ressort, notamment, de la fréquente répétition du mot *roi* dans les phrases suivantes, destinées à la développer, et de la nature des exemples rapportés par l'auteur, qui tous ont trait à des *princes* ayant occupé le trône.

Or, ces *princes,* de leur vivant, n'étaient point de simples *membres de la famille royale,* mais des *rois :* depuis leur mort, ils ne sont plus rien que de hauts personnages historiques, soumis au libre jugement de l'histoire, et dont aucune loi n'a déclaré la mémoire inviolable.

Quant aux *membres de la famille royale* actuellement existans, seuls objets de la disposition de la loi invoquée par la prévention, la phrase citée ne les concerne nullement, et ne peut, par conséquent, les offenser.

Lors même qu'on voudrait, contre toute raison, les mettre en cause, il faudrait au moins voir, dans les applications faites par l'auteur lui-même, quelles seraient celles qui pourraient les concerner. Ce ne pourrait être que la phrase sur les *derniers* princes français, qui, dit-on, *n'ont eu que l'éducation du malheur.* Mais l'auteur ajoute immédiatement qu'*on doit en féliciter les Français; que les princes, dans le malheur, tournent leurs pensées vers le bonheur des hommes;* etc.... L'intention de ce passage serait donc bien loin d'être offensante.

La prévention accuse encore l'éditeur de s'être rendu coupable du même délit d'*offense,* EN INSINUANT *que la société aujourd'hui est si riche en citoyens illustres, qu'elle dédaignerait les rois qui ne le seraient pas.*

D'abord on ne conçoit guères ce délit qu'on commet *en insinuant.* La loi sévit contre les *outrages,* les *offenses,* les *injures,* les *diffamations,* les *attaques,* les *provocations;* mais jusqu'à présent, nous n'avons point encore vu l'*insinuation* rangée au nombre des délits de la presse.

En second lieu, comment serait-il possible de voir une *offense,* c'est-à-dire une attaque contre *une ou plusieurs personnes,* dans le vague d'une proposition ainsi généralisée ?

En troisième lieu, comment appliquer aux *membres de la famille royale* ce que l'auteur ne dit que des *rois?*

En quatrième lieu, comment appliquer à ce qui existe ce que l'auteur ne dit que relativement à l'avenir? L'article ne porte pas que la société *dédaigne* les rois ou les princes qui *ne sont pas* illustres : il porte que la société *dédaignerait* les rois qui ne *seraient* pas illustres. Il ne parle point au présent, mais au conditionnel futur : il ne parle pas des éducations faites, mais des éducations à faire. Il ne peut donc offenser ce qui est, en traitant de ce qui doit être un jour.

Vainement la prévention semble-t-elle vouloir rattacher cette phrase à celle que nous avons précédemment citée. Ce rapprochement est son ouvrage, et non celui de l'auteur ou de l'éditeur : les deux phrases sont, non seulement isolées dans l'article, mais séparées par un très-long intervalle; elles se rapportent à des thèmes tout différens. L'homme qui, entrant dans l'officine d'un pharmacien, s'emparerait de deux liqueurs exposées sur des tablettes différentes, et formerait par leur combinaison un breuvage empoisonné, serait-il recevable à traiter le pharmacien d'empoisonneur?

Au surplus, les observations que nous avons précédemment exposées ne permettent pas même, ce nous semble, la plus légère tentative d'illusion à cet égard. Passons au second chef de prévention.

2.º La prévention croit reconnaître, dans plusieurs passages, le délit d'*attaque contre la dignité royale.*

Ici, une explication est nécessaire, car l'accusation ne paraît fondée que sur un abus de mots.

Jamais il n'a pu entrer dans la pensée du législateur de comprendre sous l'expression de *dignité royale,* et de défendre par une sanction pénale, ce qui concerne la généralité des rois, qui ont pu exister en des temps divers, chez des peuples différens, avec des attributions plus ou moins élevées, plus ou moins étendues. La royauté, en ce sens, est une abstraction qui ne touche point ou ne touche que très-indirectement aux intérêts vivans de la société, les seuls qui soient placés sous la protection de la loi pénale. La dignité des rois, *in genere,* est une thèse philosophique ou oratoire; elle n'est point matière à législation.

Ce qu'a voulu la loi, c'est couvrir de son égide la *dignité du monarque régnant.* Le législateur a vu, dans la personne du chef de l'état, une personne sacrée et inviolable, déclarée telle par la constitution elle-même. Il n'a point voulu que celui qui domine par sa majesté la société tout entière, et qui préside au gouvernement de l'état, pût être exposé personnellement à des attaques injurieuses et livré à la déconsidération publique; il n'a point voulu qu'en supposant à celui qui siège sur le trône, des vices, des défauts ou des ridicules, on pût affaiblir le respect dû aux grands intérêts dont il est le représentant ou le dépositaire. La charte avait déclaré *la personne* du roi *inviolable et sacrée;* la loi de 1819, par une juste conséquence, a puni les offenses qui seraient dirigées contre elle.

Ces principes une fois reconnus (et ils ne sont pas susceptibles d'être contestés), on cherche en vain quel rapport pourrait s'offrir entre les passages indiqués par la prévention, et la personne inviolable et sacrée de S. M. Charles X, roi de France.

Le premier n'est qu'une généralité sur l'influence funeste que la politique des cours a exercée sur l'éducation des rois. Le nom du roi de France, celui du royaume de France n'y sont pas même prononcés; pas le moindre mot d'où l'on puisse induire une application quelconque à la personne du monarque régnant.

Le second est une *nomenclature des rois de France* (décédés) *qui se sont plaint de la négligence de leur éducation.* Or, premièrement, cette nomenclature ne se compose que de faits historiques constans, et la vérité historique ne saurait constituer un délit; secondement, ces faits n'ont rien d'offensant pour les rois dont il est question dans la *nomenclature,* puisque le défaut d'éducation n'est point leur tort personnel, mais le tort des personnes qui ont présidé à leur éducation, et qu'eux-mêmes l'ont reconnu et ont eu le bon esprit de s'en plaindre. Enfin, ces princes, leurs actions, leurs défauts, leurs qualités, sont aujourd'hui dans le domaine de l'histoire, et le monarque régnant n'a point à prendre fait et cause pour eux.

Le troisième et dernier passage est une *comparaison entre les princes d'Angleterre et les rois de France,* relativement à leur éducation respective. Cette *comparaison* ne sort pas un instant de la thèse générale; on y lit même ces mots : *en général, presque tous;* ce qui exclut à la fois les applications particulières et l'universalité absolue : elle porte exclusivement sur le passé (*ont été, ont* surpassé, etc.), ce qui écarte toute relation avec les personnes et les temps actuels; enfin rien n'y désigne, même indirectement, S. M. Charles X.

Cette seconde inculpation est donc aussi peu fondée que la première.

La troisième est également grave, quant à son titre; voyons si elle l'est davantage, quant à son fondement.

3.º La prévention veut voir, dans plusieurs passages de l'article incriminé, le délit d'*attaque contre l'ordre de successibilité au trône.*

Examinons ces divers passages :

« En parlant d'un prince français contemporain, » qui a donné à ses enfans une éducation généreuse et » nationale, l'auteur *insinue* que c'est là une *action*

« *profonde, qui, dans le péril d'une famille royale, empêcherait*
« *peut-être d'y envelopper tous ses membres.* »

Remarquons d'abord, pour l'exactitude du fait, que l'auteur *n'insinue* point cela, il le dit très-formellement, très-catégoriquement.

Au fond, que voyons-nous dans la phrase citée ? une provocation ? Nullement. Un vœu, du moins ? Pas davantage. Quoi donc ? Un jugement, et rien de plus. Et sur quoi ce jugement ? Sur un fait éventuel, et de l'éventualité la plus vaguement, la plus *lointainement* entrevue par l'auteur. Cet événement, paraît-il le désirer ? l'annonce-t-il comme souhaitable ? En aucune façon. Le montre-t-il, au moins, comme imminent, comme probable ? Rien moins ; et encore, dans ce cas, ce ne serait qu'un alarmiste, et non un *agresseur*. Mais tout se réduit à dire que si, dans un avenir indéfini, tel événement arrivait, cet événement pourrait bien, *peut-être,* se trouver modifié par telle circonstance. En bonne foi, comment cette prévention, vague, indéterminée, dégagée de toute manifestation de désir, de menace, d'espérance, peut-elle être confondue avec l'attaque à l'ordre de successibilité ?

Toute attaque à l'ordre de successibilité au trône doit, pour être telle, pouvoir se traduire par ces mots : *il faut changer l'ordre de successibilité.* Or, que l'on retourne comme on voudra la phrase incriminée, jamais on ne pourra en faire sortir cette proposition ; on n'en pourra extraire que celle-ci, qui en diffère par un intervalle immense : *Si, par hasard, il survenait un changement dans l'ordre de successibilité au trône, il arriverait* PEUT-ÊTRE *telle circonstance.*

En résultat, on ne peut, sans tomber dans l'absurde, confondre la *prévision* avec le *désir,* le *désir* avec l'*incitation.* L'*incitation* seule pourrait constituer le délit défini par la loi, puisque ce délit est une *attaque*. Au contraire, on ne trouve dans la phrase citée que la simple *prévision*, et non pas même encore la *prévision* affirmative, prochaine, menaçante; mais la prévision éventuelle, éloignée, vague, indéfinie. Il y a mille lieues de là au délit.

« L'auteur dit encore qu'*il n'est point de pire danger* que » l'inhabileté des princes, et que le plus sûr symptôme de » la chute des empires est une suite de princes médiocres. »

Nous cherchons vainement quel rapport pourrait exister entre cette réflexion générale, placée au milieu d'un paragraphe également consacré à des généralités, *et une attaque à l'ordre de successibilité au trône de France.*

La prévention poursuit : « En rappelant *le trône des* » *Stuart, qui réunissait toutes les légitimités de l'Écosse et* » *de l'Angleterre, il en attribue la chute à l'incapacité des* » *princes* (la prévention devrait nous apprendre à quoi il » faut l'attribuer), lorsque précédemment il avait dit que » les princes de la maison de France n'avaient reçu qu'*une* » *éducation médiocre et frivole;* d'où il suit qu'il leur *présage* » les mêmes malheurs, et provoque ainsi au renverse- » ment du trône ou de l'ordre d'hérédité, qui, dans sa » pensée, *a perdu l'éducation royale, comme les nobles vertus* » *se sont éteintes dans l'hérédité de la noblesse.* »

Ce paragraphe est extraordinaire sous plus d'un rapport.

1.º Il présente l'étrange spectacle d'un corps de délit construit avec trois passages séparés dans l'article et réunis dans l'accusation ; indépendans l'un de l'autre dans le texte, mis en relation par le ministère public, et incriminés uniquement à raison de cette relation, qui n'est point l'ouvrage de l'accusé, mais de la partie qui l'accuse.

La raison, la justice s'élèvent hautement contre cette méthode de construire un délit de pièces de rapport, d'élémens recueillis çà et là dans le cours d'un écrit.

Injuste à l'égard de l'auteur, elle est bien plus injuste encore à l'égard d'un simple éditeur, dont on ne peut affirmer que la pensée ait fait les rapprochemens que l'accusation a cru pouvoir faire, avec plus ou moins d'effort.

2.° La prévention confond ici, d'une manière singulière, le passé et l'avenir. Quels sont les princes auxquels on *présagerait* des malheurs ? Ceux dont, *à l'avenir*, l'éducation serait négligée. Qu'a de commun cet *avenir*, ce futur contingent, avec l'*attaque* que l'on veut trouver dans les paroles de l'auteur ? C'est à ceux qui présideront désormais à l'éducation des princes, à profiter du conseil que leur donne l'écrivain ; à prévenir, par de sages et fortes instructions, les malheurs que pourrait entraîner une éducation négligée. Quant aux rois *décédés*, qui n'auraient eu qu'une éducation *frivole ou médiocre*, qu'importe ce fait à l'ordre de successibilité au trône ? Renversera-t-on en 1828 le trône de Charles X, parce qu'en 1650 Louis XIV aurait été faiblement élevé par Mazarin ?

3.° Enfin, la prévention confond encore ici la *prévision* avec l'*attaque*, le conseil utile avec la provocation offensive. L'article ne dit nullement qu'*il faille* renverser le trône et changer l'ordre de successibilité. Il *avertit* que ce malheur serait *à craindre* si l'on négligeait les conseils qu'il donne : il montre l'abîme ouvert, et on l'accuse de le creuser !

« Il *présage* les mêmes malheurs, dit la prévention, et » *provoque* ainsi, etc.... » Et depuis quand donc *présager* est-il devenu le synonyme de *provoquer ?* Provoque-t-il votre chute celui qui vous crie : *Prenez garde, voici un précipice ?* Provoque-t-il votre empoisonnement celui qui vous crie : *Arrêtez ! ce breuvage est mortel ?*

Un mot sur *l'hérédité des princes* paraît avoir éveillé la susceptibilité de la partie publique. Il faut s'entendre pourtant. L'hérédité des princes est consacrée, non comme une méthode de perfectionnement moral pour l'individu, mais comme un principe d'ordre et de tranquillité pour l'état. De ce qu'on l'a jugée salutaire comme institution politique, s'ensuit-il qu'il soit interdit d'examiner ses effets comme cause morale? Ce serait étrangement se méprendre.

En résumé, une préoccupation, louable sans doute, mais exagérée, nous paraît avoir égaré l'accusation. Au nom sacré de la dynastie, sa sollicitude s'est éveillée et ne lui a pas laissé le loisir d'examiner avec calme le véritable sens de l'article, le caractère des passages incriminés. Elle a vu l'hostilité où elle n'aurait dû voir que la franchise dans les conseils, l'offense où elle n'aurait dû voir que des vérités générales ou des jugemens historiques sans application aux objets de notre respect. Nous estimons qu'après un plus mûr examen, l'intention de l'article apparaîtra sous son vrai jour, et que l'éditeur devra être déchargé de la prévention.

Délibéré à Paris, ce 14 Juin 1828.

BERVILLE,
*Avocat à la Cour royale.*

# ASSIGNATION.

Le S.<sup>r</sup> Leleux, éditeur responsable de *l'Écho du Nord*, est cité à comparaître, etc., pour entendre exposer qu'en insérant dans le N.° 34 de cette feuille, qui a paru le 4 de ce mois, et en s'appropriant, pour lui donner de la publicité en France, par la voie des journaux, un article, sous la rubrique *de l'Éducation des Princes*, extrait d'un ouvrage imprimé en pays étranger, ayant pour titre : *Des Destinées futures de l'Europe*, il s'est rendu coupable, par l'un des moyens énoncés en l'article 1.<sup>er</sup> de la loi du 17 Mai 1819 :

1.° D'offenses envers les membres de la famille royale, en énonçant que *tous les princes de la maison de France, sans qu'il y ait exception, n'ont eu qu'une éducation médiocre et frivole,* et en insinuant que *la société aujourd'hui est si riche en citoyens illustres, qu'elle dédaignerait les rois qui ne le seraient pas,* etc.

2.° D'attaque contre la dignité royale, délit qui résulte de tout l'ensemble de l'article, spécialement du passage relatif *à la politique des cours, qui n'a été que trop funeste à l'éducation des rois,* jusqu'à ces mots : *A part votre royauté, vous ne nous surpassez en rien;* de la nomenclature des *rois de France qui se sont plaint hautement de la négligence de leur éducation,* et de la comparaison qu'il fait des princes d'Angleterre avec les rois de France sur le même sujet.

3.° D'attaque contre l'ordre de successibilité au trône, en ce qu'en parlant d'un *prince français contemporain, qui a donné à ses fils une éducation généreuse et nationale,* il insinue que c'est là une *action profonde, qui, dans le péril d'une famille royale, empêcherait peut-être d'y envelopper tous ses membres ;* lorsque dans le même article il dit *qu'il n'est point de pire danger que l'inhabileté des princes, et que le plus sûr symptôme de la chute des empires, c'est une suite de princes médiocres,* en ce que rappelant le *trône des Stuart, qui réunissait toutes les légitimités de l'Écosse et de l'Angleterre,* il en attribue la chute à l'incapacité des princes, lorsque précédemment il avait dit que les princes de la maison de France *n'avaient reçu qu'une éducation médiocre et frivole ;* d'où il suit qu'il leur présage les mêmes malheurs, et provoque ainsi au renversement du trône ou de l'ordre d'hérédité, qui, dans sa pensée, *a perdu l'éducation royale, comme les nobles vertus se sont éteintes dans l'hérédité de la noblesse.*

Et attendu que ces délits sont respectivement prévus par l'art. 10 de la loi du 17 Mai 1819 et l'art. 2 de celle du 17 Mars 1822 ; que tous trois entraînent peine d'amende et d'emprisonnement de la compétence du tribunal correctionnel.

En conséquence, etc., etc.

# JUGEMENT

## DU TRIBUNAL CORRECTIONNEL

### DE LILLE.

« Vu l'article intitulé : *De l'Éducation des Princes*, inséré dans le N.° 34 de *l'Écho du Nord*, année 1828.

» Considérant, sur le premier chef d'inculpation, qu'aucun des passages incriminés ne renferme d'offense envers les membres de la famille royale ;

» Qu'en effet cette phrase : *Tous les princes de la maison de France, sans qu'il y ait exception, n'ont reçu qu'une éducation médiocre et frivole,* bien loin d'être dirigée contre les membres de la famille royale actuellement existante, ne s'applique qu'aux souverains des temps passés ; que cette vérité résulte à l'évidence de l'énumération nominative qui en est faite dans la phrase subséquente, où l'auteur annonce que les derniers des princes de la maison de France dont il entend parler sont Louis XIV, Louis XV, Louis XVI et Louis XVIII ;

» Que cette vérité reçoit le complément de la démonstration, si l'on se reporte à l'alinéa suivant, qui s'applique directement aux princes de la famille royale actuellement existante, alinéa dans lequel, loin de leur reprocher une éducation médiocre et frivole, l'auteur nous les représente instruits à l'école du malheur, d'où la frivolité est nécessairement bannie, école dont il cherche à faire ressortir les avantages pour le bonheur des peuples en disant qu'Henri IV y fut formé.

» Considérant que cette autre phrase incriminée : *La société d'aujourd'hui est si riche en citoyens illustres, qu'elle dédaignerait les rois qui ne le seraient pas,* placée dans la première partie de l'article parmi les considérations générales, et lorsque le nom d'aucun prince soit français, soit étranger, n'a encore été prononcé, ne renferme qu'un conseil pour l'éducation des princes appelés à gouverner un jour les peuples, et exclut tant par la généralité de ses termes que par l'éventualité de ses prévisions, l'idée de la moindre insinuation offensante envers les membres de la famille royale de France ;

» Qu'ainsi, le délit d'offense envers les membres de la famille royale n'est pas prouvé.

» Considérant, sur le deuxième chef d'inculpation, que la dignité royale est indépendante de la personne des princes qui en sont revêtus ; que reconnaître le tribut que les rois ont quelquefois payé à l'humanité comme hommes, ce n'est point attaquer leur dignité comme rois, et rendre moins respectable aux yeux des peuples cette magistrature suprême, auguste, sacrée et inviolable qu'on nomme royauté.

» Considérant qu'aucun des passages incriminés ne renferme d'offense contre la dignité royale ;

» Qu'en effet le paragraphe commençant par ces mots : *La politique des cours n'a été que trop funeste à l'éducation des rois,* et finissant par ceux-ci : *A part votre royauté, vous ne nous surpassez en rien,* se borne à des généralités de tous les temps et de tous les pays, et est consacré à vouer à l'improbation générale ces précepteurs des rois qui, à dessein, par une politique funeste et avantageuse à eux seuls, ont tenu leurs élèves dans l'ignorance et l'incapacité, sans que pour cela le titre dont ceux-ci étaient revêtus en fût ni moins sacré, ni moins auguste, ni moins révéré;

» Que la dernière phrase : *A part votre royauté, vous ne nous surpassez en rien,* indique clairement la distance incommensurable qui sépare le titre de sujet de la dignité du prince.

» Considérant, sur le deuxième passage incriminé, qu'en *donnant la nomenclature des rois de France qui se sont plaint de la négligence de leur éducation,* l'auteur a voulu faire la satire de leurs précepteurs, et démontrer l'importance pour un jeune prince d'en avoir un qui ne leur ressemblât pas;

» Que les vices de l'éducation de ces rois qu'il appartient aujourd'hui à l'histoire de signaler, ne touchent aucunement à leur dignité comme princes, et encore moins, s'il était possible , à celle de leurs successeurs.

» Sur le troisième passage incriminé :

» Considérant que la question de supériorité de l'éducation entre les anciens rois de France et d'Angleterre, résolue d'un ton tranchant et inconvenant en faveur de l'éducation de ceux-ci, est un point qu'il appartient à l'histoire de débattre, sur lequel on peut se tromper sans que la dignité des anciens rois et encore moins celle de leurs successeurs y soit intéressée;

» Qu'ainsi le délit d'attaque contre la dignité royale n'est pas justifié.

» Considérant, sur le troisième chef d'inculpation, que dans aucun des passages incriminés de ce chef, l'auteur n'a exprimé le désir ni témoigné la crainte d'un changement dans l'ordre de successibilité au trône; qu'il n'a pas provoqué à ce changement, ni attaqué en aucune manière l'ordre de successibilité actuellement établi;

» Que la prévention à cet égard est dénuée de toute espèce de fondement.

»Considérant dès lors qu'aucun des trois chefs d'accusation dirigés contre Leleux n'est justifié, le tribunal, quelqu'inconvenant que soit l'ensemble de l'article, renvoie ledit Leleux de l'action intentée contre lui. »

---

M. le Procureur ayant interjeté appel de ce jugement, la cause a été fixée au 4 Août par la Cour royale de Douai, jugeant en audience solennelle, la première chambre civile et la chambre des appels de police correctionnelle réunies.

---

IMPRIMERIE DE LELEUX, A LILLE.